La necesidad de conocer África

Ciencias Jurídicas y Sociales
Ciencias de la Salud
Ciencias Experimentales y Tecnología
Ingeniería y Arquitectura
Arte y Humanidades

Para la publicación de este libro hemos contado con la ayuda económica y el respaldo del personal del Vicerrectorado de Extensión Universitaria de la Universidad Rey Juan Carlos y del Decanato de la Facultad de Ciencias de la Comunicación de la URJC y, asimismo, con el patrocinio intelectual del Grupo de Investigación en Fuerzas Armadas y Defensa Nacional de la URJC.

La necesidad de conocer África

José Luis Rodríguez Jiménez
María F. Sánchez Hernández
(coordinadores)

Editorial DYKINSON, S.L. Meléndez Valdés, 61 - 28015 Madrid
Teléfono (+34) 91 544 28 46 - (+34) 91 544 28 69
e-mail: info@dykinson.com
http://www.dykinson.es
http://www.dykinson.com

Consejo Editorial véase www.dykinson.com/quienessomos

ISBN: 978-84-9148-186-7
Depósito Legal: M-10597-2017

Preimpresión por:
David Gil Merino
Paula Muñoz Clavería

Impresión:
Recco, S.L.
recco@recco-sll.com
www.recco.es

ÍNDICE

¿EN QUÉ CONSISTIÓ LA DESCOLONIZACIÓN Y EN QUÉ COYUNTURA SE REALIZÓ?
Sara Núñez de Prado Clavell 11

¿POR QUÉ CONCEDER LA INDEPENDENCIA? FRANCIA Y GRAN BRETAÑA ANTE LA DESCOLONIZACIÓN DE ÁFRICA.
Isabel María Pascual Sastre 27

LAS DESCOLONIZACIONES DE ESPAÑA EN ÁFRICA.
José Luis Rodríguez Jiménez 41

ÁFRICA EN LA ENCRUCIJADA DE LA INFORMACIÓN: ESTUDIO BIBLIOGRÁFICO DEL ÁMBITO GEOGRÁFICO Y ENERGÉTICO.
Carlos Oliva Marañón y María Sánchez Hernández 53

CHINA EN ÁFRICA: PETRÓLEO Y MUCHO MÁS.
Raúl Ramírez Ruiz y Pablo A. Rodríguez 69

LA FRONTERA AVANZADA DE ESPAÑA.
José Carlos López-Pozas 93

EL DISPOSITIVO MILITAR ESPAÑOL EN GUINEA ECUATORIAL.
Alberto Rico Sánchez 109

ÁFRICA EN NUESTROS ARCHIVOS: LA HISTORIA QUE AÚN NO PUEDE SER CONTADA.
Celeste Muñoz Martínez 129

LA COMUNIDAD SAHARAUI EN ESPAÑA.
Raquel Hernández Saiz 141

PRESENCIA Y ACCIÓN SOCIAL DE LAS EMPRESAS ESPAÑOLAS EN BRASIL.
José Manuel Azcona Pastor y Javier Avilés Barandiarán 159

PRÓLOGO

Para los españoles, África no es el continente vecino de Europa, el continente más próximo a Europa occidental. España es europea y africana, pues así lo establece la geografía, así lo muestra el estudio de la historia y asimismo las relaciones establecidas y las necesidades de esas *dos Españas* que conforman una sola España, la europea y la africana, en los ámbitos de la cultura, la economía y la seguridad.

Esta circunstancia afecta a nuestro pasado, a nuestro presente y a nuestro futuro. Siendo una España, siendo una nación con territorios en dos continentes, con territorios tanto continentales como insulares que pertenecen a dos continentes, y siendo la nación europea que por su pasado y por su presente vive esta realidad de forma más acuciante, en el Grupo de Investigación en Fuerzas Armadas y Defensa Nacional, de la Universidad Rey Juan Carlos, hemos querido hacer una llamada para que los alumnos universitarios conozcan esta realidad y las oportunidades que les brinda para sus futuros estudios y para su trabajo.

Que España sea África no significa que deje de ser Europa, un absurdo. Quiere significar que el motivo por que el que nos interesa África no es su cercanía, el hecho de que nos separen unos pocos kilómetros del continente africano. No, el estrecho de Gibraltar no nos separa de África. Es un espacio de tránsito, al igual que el cielo y el mar que comunican la Península Ibérica y las Islas Canarias.

Esta realidad es el resultado de la Historia, de una historia compartida, y no reciente, de siglos de historia, que obviamente no hemos vivido, pero que debemos conocer, y procurar que sean conocidos por nuestros alumnos para que entiendan mejor el presente. Hablamos de una peculiaridad, no de una generalidad europea. Precisamente por este motivo tenemos ante nosotros un campo de trabajo único, en las aulas y en los centros de investigación.

La importancia del tema y la mucha documentación conservada en los archivos permiten un sinfín de estudios de ámbito histórico, de geografía, de historia política, cultural, militar y económica. Estudios sobre el intercambio cultural, la fusión y el choque de civilizaciones. De colonización y descolonización. Los estudios que en estas páginas se presentan atienden a algunas de estas temáticas y también a cuestiones que son importantes y lo serán cada vez más y que nos proponemos afrontar con más detalle en futuros encuentros con los estudiosos vinculados o invitados por el Grupo de Investigación. El español en África, en retroceso, por unos procesos de descolonización de Marruecos, Guinea Ecuatorial y Sahara occidental mal, o en absoluto, planificados y peor resueltos, y el desarrollo de la literatura africana en español son temas de estudio y también de reflexión política. Asimismo, las relaciones económicas con países africanos, que pueden plantearse desde la España peninsular y desde las Islas Baleares, pero también desde el África española, desde Melilla, sin complejos y sin miedo a las reacciones a nuestro vecino del sur, y sin lamentos por las oportunidades perdidas.

Ahora que se plantea un nuevo modelo de Selectividad y que sigue abierto el debate sobre la necesidad de que las organizaciones políticas debatan y acuerden un nuevo modelo educativo, parece necesario que los profesores de Historia, Comunicación, Documentación y Lengua, y también otros profesionales vinculados a la Universidad, reflexionemos y aportemos ideas sobre los contenidos de los planes de estudio y los manuales utilizados por los alumnos. Y también que ofrezcamos al alumnado contenidos relacionados con la España del Presente que no han sido atendidos, o no de forma suficiente, durante el período lectivo. Por eso nuestro deseo de atender a la realidad de España en África y a la importancia de las relaciones políticas, económicas, culturales y en materia de seguridad de España con el resto de África.

José Luis Rodríguez Jiménez
María F. Sánchez Hernández
Grupo de Investigación GIFASDEN
Universidad Rey Juan Carlos

CAPÍTULO I ¿EN QUÉ CONSISTIÓ LA DESCOLONIZACIÓN Y EN QUÉ COYUNTURA SE REALIZÓ?

Sara Núñez de Prado Clavell
Profesora de Historia Contemporánea
Universidad Rey Juan Carlos

La denominada era del imperialismo se extendió desde el último tercio del siglo XIX y hasta bien entrado el XX, periodo en el que las grandes potencias del momento se dedicaron de manera bastante compulsiva a conquistar nuevos territorios con el fin encontrar mercados para sus productos. Ahora bien, la primera transformación importante de ese mundo imperialista se produjo durante la gran guerra. Esta contienda, fue la que comenzó a quebrantar la estructura del colonialismo mundial, además de destruir dos imperios (el alemán y el turco, cuyas posesiones se repartieron sobre todo los británicos y los franceses) y dislocar temporalmente un tercero, Rusia (que recobró sus posesiones asiáticas al cabo de pocos años) (Hobsbawn, 1998, pp. 213).

Pero fue una vez acabada la Segunda Guerra Mundial cuando el mundo cambió radicalmente y las colonias empezaron a tomar conciencia de su propia identidad. Se inició entonces uno de los procesos más importantes de la contemporaneidad. El proceso de la descolonización. Proceso que no sólo afectó a más de la mitad de nuestro planeta, sino que también cambió radicalmente el escenario internacional y las relaciones entre los países.

Según el Diccionario Crítico de las Ciencias Sociales, el concepto de descolonización se refiere al acceso a la independencia de los pueblos y territorios sometidos a dominación política, social y económica por parte de potencias extranjeras. Ahora bien, este proceso, ni ha sido unitario ni tampoco homogéneo, sino que ha dado pie a distintos modelos y situaciones que han generado consecuencias posteriores que hasta el día de hoy está sufriendo la sociedad internacional, ya que la gran mayoría de las situaciones de crisis en las que estamos inmersos en la actualidad tienen su punto de arranque y por tanto echaron sus raíces en el periodo descolonizador: Siria, Oriente Medio, África... países o regiones que tienen una realidad conectada directamente con su pasado colonial. Por ello, es fundamental que aunque sea a grandes rasgos, conozcamos cómo se desarrolló esta etapa de la historia reciente.

1. CAUSAS

Podemos hablar de causas generales externas y de otras de tipo más determinado, también de causas mediatas y de causas internas. Y asimismo habría que señalar aquellas que afectan específicamente a una zona delimitada. O las que se desarrollan en un tiempo definido y perturban a partir de dicho momento. Por ejemplo, en el caso concreto del proceso descolonizador de Oriente Medio, tiene una gran importancia la política irresponsable, interesada, ambigua y a dos bandas que realizaron los británicos durante el periodo de entreguerras. Como relata Wolfenson,

> *los británicos prometieron a los árabes de la zona, a través de su agente Lawrence de Arabia, que obtendrían la independencia para crear un gran estado árabe unido, que abarcaría todo Oriente Medio. Pero los británicos también habían prometido que se crearía un Hogar Nacional Judío en Palestina, tal y como había sido establecido en la Declaración Balfour en 1917. Los británicos habían asegurado previamente a los hachemitas que les entregarían la gran mayoría de los territorios de la zona en agradecimiento por su ayuda durante la Rebelión árabe, acontecida durante la I guerra mundial" (Wolfenson, 2014, s/pág.).*

Es decir, todas ellas promesas difíciles de cumplir simultáneamente y que generaron odio, resentimiento y enfrentamientos innumerables.

Aunque sin ánimo de exhaustividad, si parece necesario intentar señalar las causas más significativas que caracterizaron el proceso descolonizador, a la vez que hacer hincapié en aquéllas que más relevancia tuvieron a lo largo del proceso, o una vez teóricamente culminado este. Entre las generales externas, es de referencia obligada la Segunda Guerra Mundial. Ahí destacaríamos, primero, el papel que desempeñaron las colonias en la victoria luchando al lado de sus metrópolis. Ayuda que muchas veces fue más obligada que querida y de la que después querrían resarcirse pasando la factura de la independencia. Muy ligado a ello, la difícil economía de esas mismas metrópolis una vez terminada la contienda dificultaría en gran medida el mantenimiento de las colonias y empujaría a ciertos gobiernos a aceptar los procesos de independencia (Gran Bretaña) o a finalmente rendirse ante ellos (Francia) como la única vía posible. Ahora bien, no fue ésta una decisión que los estadistas tomaron basándose en razones altruistas, sino que lo que tenían en mente eran intereses propios muy concretos que una vez culminados los procesos de independencia intentaron poner en marcha con más o menos éxito. Asimismo, también sumaron sus propios intereses en esta lucha desigual las potencias teóricamente no imperialistas, como la URSS o Estados Unidos, quienes bajo la cobertura de la ayuda al fomento del desarrollo de los nuevos países enmascararon intereses políticos y económicos.

Resultado de lo anterior, dichas actuaciones generaron una serie de consecuencias que caracterizaron la descolonización y que no había sido por parte de las potencias un objetivo a contemplar. Es decir, estamos ante un proceso que surgió a remolque de unas determinadas situaciones y que, debido a los momentos que se vivían, no se pudieron parar ni muchas veces controlar en todos sus puntos. Es más, las primeras medidas descolonizadoras estaban pensadas para cobrar las deudas de guerra y despojar a los vencidos de sus posesiones, a la vez que se trabaja sobre la idea de un sistema de tutela internacional, antes que de procesos de independencia. Como dice Grimal,

> *la política colonial de las potencias europeas no se orientó deliberadamente hacia la emancipación. Sin embargo, incluso cuando parecía que se oponía a toda evolución o que reforzaba la servidumbre, la presencia de los europeos llevaba en sí misma el germen de la liberación (Grimal, 1989, p. 59).*

Ligado a todo ello, hay otra cuestión muy importante, que tiene que ver directamente con el nazismo y con el imperialismo japonés. La política de ocupación de ambos pueblos llevará a que Gran Bretaña y Estados Unidos proclamen el derecho de cada pueblo a vivir libremente y darse una forma de gobierno propio (Carta del Atlántico de 1941). Idea que se desarrollará posteriormente en la Conferencia de Postdam y que, si bien estaba pensada para los pueblos que habían sido ocupados por alemanes y japoneses, acabaría siendo utilizada por las colonias para proclamar su derecho a la independencia. Asimismo, este pensamiento cristalizará también en el principio de autodeterminación de los pueblos proclamado por Naciones Unidas.

Volviendo a las causas generales, existía una corriente protagonizada por ciertos sectores sociales, como misioneros o algunos grupos intelectuales, que se manifestaban abiertamente en contra de la colonización y de los abusos que sobre la población autóctona ésta ocasionaba. Muy claro, aunque era un proceso colonizador peculiar, es el ejemplo del Congo, finca particular del rey belga y en donde los abusos fueron espectaculares.

La formación de Naciones Unidos es un hecho crucial para la descolonización y ello a pesar de que la política descolonizadora de la organización no siempre ha sido muy coherente y ha pasado por distintas fases. Como dice Adriano Moreira, la ONU "ha pasado de prescribir reglas de política colonial, a proscribir toda política colonial a las metrópoli clásicas, para acabar formulando su propia política neocolonial" (Moreira, 1967, p. 121). La primera experiencia de dicha política neocolonial fue la aplicada en el Congo y los resultados no fueron precisamente alentadores para su continuidad.

También es preciso hacer referencia al contexto de la propia guerra fría. El enfrentamiento entre las dos grandes potencias, Estados Unidos y la Unión Soviética, a pesar de que al menos en la teoría eran marcadamente anticolonialistas y defendían un proceso descolonizador tutelado por Naciones Unidas[1], les alentó a extenderse por cada vez más amplias áreas de influencia, evitando así que fuera el otro el que acaparara más espacio. De esta manera, a la vez que siguiendo su doctrina, apoyaron procesos independentistas, lo hicieron con el fin de tutelar después a esos nuevos estados. Como explica Kissinger concretamente en relación con los de Estados Unidos,

> *cuando se trató de Oriente Medio, los Estados Unidos rechazaron el papel que habían desempeñado en Grecia y en Turquía, y no quisieron recoger el legado de la preeminencia política europea ni dejarse asociar a la tradición colonial. Truman y Eisenhower se opusieron tenazmente a toda acción militar británica en Irán o en Egipto, por el motivo ostensible de que las disputas de esa clase debían ser resueltas por Naciones Unidas. En realidad no querían que se les identificara con la herencia colonial británica que, atinadamente, consideraban ya insostenible (Kissinger, 1995, pp. 512-513).*

Entre los factores internos generales, hay que señalar la existencia de una élite indígena, fomentada por la metrópoli con el fin de que ocuparan puestos de gestión. Estos elegidos, hijos de las familias más importantes, en muchos casos habían estudiado en las metrópolis, donde habían conocido los valores occidentales. Una vez de vuelta, querían para sus países las mismas ideas que les habían enseñado en los caros colegios y universidades a los que habían asistido. Muchos de ellos, además, deseaban combinar la defensa de esa ideología recién aprendida con el fomento de sus raíces culturales, de manera que se fomentase una identidad propia separada de la de las metrópolis y con capacidad para la autogestión y la independencia. Esta

1 De hecho podemos hablar de un derecho internacional de la descolonización que puso en marcha y tuteló las Naciones Unidas. Derecho internacional, por otra parte, que tenía una paternidad muy clara en los Estados Unidos, con textos como los 14 puntos de Wilson, la citada Carta del Atlántico o incluso la Doctrina Monroe con su famoso axioma "América para los americanos".

elite será la que fomente la creación de los movimientos nacionalistas que llevarán a sus países hacia la independencia. El ejemplo más claro quizás sea el de la India, con protagonistas como Nehru, Gandhi o Jinnah. No hay que olvidar tampoco que las masas que conformaron esos grupos nacionalistas y siguieron a estos grupos de intelectuales estuvieron formadas por personas que habiendo abandonado sus formas de vida ancestrales (tribus, clanes...) vivían ahora en las ciudades con un alto grado de desarraigo (aculturación), lo que facilitó que encontraran un nuevo motor ideológico en la defensa de los valores y la cultura tradicionales que habían abandonado tiempo atrás. Y de ahí al deseo de independencia, sólo había un paso. Paso que esa elite intelectual se ocupó de ayudarles a dar.

Factores específicos que influyeron en la descolonización, concretamente en el caso de Asia y más específicamente en la India, fue la revolución rusa de 1905. También tuvo consecuencias la de Persia en el mismo año. Todo ello se reflejó en China o en Indonesia. En este continente también fue importante la ocupación japonesa. Animaron a las colonias a luchar contra el europeo bajo el lema de "Asia para los asiáticos" en un intento de debilitar a aquellos, pero no para liberar a los pueblos, sino para ocupar el lugar que tenían. Una vez instalados en dichos dominios, los japoneses, más que alentar la autonomía o independencia de esos pueblos, se dedicaron a controlarlos e intentar "japonizarlos". Piénsese en Corea, Taiwan, Manchuria... Una vez derrotado Japón, los pueblos liberados de esa ocupación, lejos de querer volver a la anterior situación, lo que hacían era clamar por la autodeterminación y la independencia.

En Oriente Medio ya hemos hecho referencia a la política británica y también a la francesa como causa de los movimientos descolonizadores. Simplemente ahora recordar que ya antes de la caída del Imperio Otomano, Francia y Gran Bretaña se dedicaron a exacerbar los distintos movimientos nacionalistas con la intención de debilitar a la Sublime Puerta. Y una vez desaparecida ésta, la situación no mejoró, aunque entonces fueron los británicos y los franceses a quienes la Sociedad de Naciones había encargado la administración de los territorios[2], los que sufrieron los enfrentamientos y envites del nacionalismo árabe; uniéndose a ello, en el caso de los británicos, el problema del pueblo judío.

2 Recuérdese que el sistema de mandatos o de administración fiduciaria puesto en marcha por la Sociedad de Naciones no incidía sobre las colonias, sino que estaba pensado para la gestión de los territorios que habían pertenecido a los estados que habían resultado perdedores en la Gran Guerra. El Imperio Otomano, igual que el Austro-Húngaro o el alemán, entraba en esta categoría de estados perdedores.

2. EL PAPEL DE NACIONES UNIDAS

Si bien las Naciones Unidas tuvieron un papel preponderante en el proceso descolonizador, este fue más nominal que efectivo. Y ello debido a que ideológicamente dependió mucho de las teorías descolonizadoras estadounidenses y en la práctica se siguieron los postulados de éstas. Por ello puede decirse que fue este país quien diseñó el proceso descolonizador, de acuerdo con Europa y en muchos casos a pesar de las ideas contrarias de la URSS, dejando así a las Naciones Unidas un papel tutelador que muchas veces era de difícil aplicación. Ya nos dice Martínez Carreras que la Carta de San Francisco,

> *sólo ofrece a la acción de Naciones Unidas en el dominio colonial una plataforma de acción relativamente reducida". Añadiendo que si bien "es cierto que la Carta consagra como uno de los postulados básicos de la ONU el respeto al principio de la igualdad de derechos y al de la libre determinación de los pueblos", este no es definido explícitamente, pues no se determinan el alcance de dichos derechos. Es decir, aunque "establece un régimen de tutela internacional, su extensión es bastante limitada" (Martínez Carreras, 1995, p. 83).*

Ahora bien, como se desprende también de la afirmación anterior, esa realidad no fue óbice para que la Carta tuviera matiz anticolonialista. Y ello debido a que a pesar de las diferencias ideológicas de criterio entre los Estados Unidos y la URSS, ambos compartían una coincidencia básica anticolonialista. Además de que también hay que recordar que 27 de los 51 primeros estados miembros de la ONU habían sido colonias (Aracil, Oliver y Segura, 1998, p. 128).

Así las cosas, las Naciones Unidas, en consecuencia con lo acordado en la Conferencia de Yalta, dividieron el mundo colonizado en dos grandes grupos:

- *los territorios no autónomos*, que eran las antiguas colonias, que seguían bajo la tutela de las metrópolis. Solo que ahora ya no se consideraban tales, sino que eran potencias administradoras[3]. Estas potencias tenían como obligación tutelar el proceso de los territorios hacia el autogobierno e informar de lo realizado al Secretario General de Naciones Unidas, quien no tenía mecanismo real de intervenir, ni siquiera a través del Consejo de Seguridad, sino sólo la potestad de recibir la información. Como decía el artículo 73 de la Carta de Naciones Unidas, "los Miembros de las Naciones Unidas que tengan o asuman la responsabilidad de administrar territorios cuyos pueblos no hayan

3 Lo cierto es que el cambio de denominación era algo más que lingüístico, pues reflejada una transformación profunda del sentimiento de la sociedad internacional.

alcanzado todavía la plenitud del gobierno propio, reconocen el principio de que los intereses de los habitantes de esos territorios están por encima de todo, aceptan como un encargo sagrado la obligación de promover en todo lo posible, dentro del sistema de paz y de seguridad internacionales establecido por esta Carta, el bienestar de los habitantes de esos territorios" *Carta de Naciones Unidas (http://www.un.org/es/documents/charter/chapter11.shtml).*

- *Territorios fideicometidos* (art. 77), que eran los que estaban entonces bajo mandato, así como los que tras la II Guerra Mundial fueron segregados de Estados enemigos y los que voluntariamente se colocaban bajo este régimen por los Estados responsables de su administración. Los Estados encargados de administrar estos territorios debían pertenecer al Consejo de Administración Fiduciaria. Además, bajo esta administración podían existir lo que se denominaban zona o zonas estratégicas (podían ser toda o una parte del territorio). En este último caso, el Convenio regulador debía aprobarlo el Consejo de Seguridad (en los demás casos, el acuerdo lo aprobaba la Asamblea General).

En resumen, la importancia de Naciones Unidas viene dada fundamentalmente porque creó un marco normativo general que sirvió de base, aceleración y estímulo a los procesos descolonizadores. Más allá de la propia Carta y de las Resoluciones, que fueron los textos que realmente diseñaron la aplicación práctica de la regla jurídica, no hay que olvidar que también se han declarado tres Decenios Internacionales para la Eliminación del Colonialismo (1990-2000; 2001-2010 y 2011-2020). Todas estas actuaciones en un intento de desterrar la práctica colonialista de la faz de la tierra. En cuanto a las Resoluciones, destacan tres por encima de las demás. La más conocida es la 1514, aprobada en diciembre de 1960 y denominada "Declaración sobre la Concesión de la Independencia a los Países y Pueblos Coloniales". En ella se establecía el derecho de autodeterminación de los pueblos y se expresaba "la necesidad de poner fin rápido e incondicionalmente al colonialismo de cualquier tipo y en todas sus manifestaciones" (http://www.un.org/es/decolonization/declaration.shtml). También hay que referirse a la 1541, que es la que define las tres opciones para alcanzar el gobierno propio y que igualmente es de 1960. Y en tercer lugar, de obligada mención, es la 1654, que es la que instituye el denominado Comité Especial para la Descolonización[4]. Esta última se aprobó en 1961.

Una vez iniciado el proceso descolonizador, los nuevos países intentaron tener un papel protagonista al margen de las grandes potencias y Europa. A veces desde

4 Este Comité se estableció en 1961, originalmente formado por 17 miembros que un año después aumentaron hasta 24. Su labor consiste en supervisar la aplicación de la Resolución 1514 y emitir recomendaciones al respecto. Se reúne anualmente.

el propio seno de Naciones Unidas y otras también con iniciativas propias, como la Conferencia de Bandung[5], a partir de la cual el mundo comenzó a hablar de la existencia de un tercer bloque de países, el de los no alineados. Este desarrollo de la autoafirmación presenta la descolonización

> *como un proceso de deconstrucción de la alienación y subordinación del ser humano, y de simultánea construcción de un individuo autónomo y activo para edificar otro mundo posible".*
>
> *Sin olvidar, además, "el riesgo recolonizador inserto en las propias visiones descolonizadoras, pues reproducen las dicotomías etnocéntricas entre colonizador y colonizado (Mazorco Irureta, 2010. p. 1).*

Aunque sea brevemente, hacer una referencia a la Conferencia de Bandung es obligado. Se celebró en dicha ciudad en 1955, siendo los anfitriones el presidente indonesio, Sukarno y el presidente indio, Nehru. Los países participantes, veintinueve en total[6], a pesar de las importantes diferencias existentes entre ellos, aprobaron una serie de principios que estaban acordes con los de las Naciones Unidas, comprometiéndose a trabajar por el respeto a la soberanía y la integridad territoriales de los Estados; la igualdad entre las razas y las naciones; la defensa del principio de no agresión y de la coexistencia pacífica; y el compromiso de no injerencia en los asuntos internos de cada país.

Como reconoce Martín de la Escalera,

> *lo esencial está sencillamente en el comunicado final que sintetiza el punto de vista de veintinueve naciones participantes, sobre la base del orden del día de la Conferencia. Es decir, que en lo relativo a la política general, la Conferencia afro-asiática presta su apoyo a la posición árabe en Palestina y "pide la aplicación de las resoluciones de las Naciones Unidas respecto a Palestina y una solución pacífica del problema palestino". De conformidad con la posición adoptada*

---

5 Hubo una conferencia previa, la de Bogor, que celebraron en 1954 India, Pakistán, el entonces Ceilán, Indonesia y Birmania. Estos países conformaban el llamado Plan Colombo. Y fue en esta reunión donde acordaron la celebración de una conferencia mucho más amplia en la que se invitase a participar tanto a países asiáticos como africanos.

6 23 países asiáticos de los que 14 pertenecían a Asia oriental, y 6 africanos (4 del África negra). No se invitó ni a la China nacionalista ni a Israel para evitar el boicot a la conferencia de la China Popular y de los países árabes, respectivamente. También quedó fuera Sudáfrica, debido al régimen del apartheid. Y otros países, como Marruecos, Argelia o Túnez, que aún no habían alcanzado la independencia, estuvieron en calidad de observadores.

respecto a la abolición del colonialismo "... sostiene la interpretación indonésica de los párrafos del acuerdo suscrito entre los Países Bajos e Indonesia, relativos al oeste de Irian (Nueva Guinea Holandesa)". En cuanto al Norte de África "... declara apoyar los derechos de los pueblos de Argelia, Marruecos y Túnez, -a disponer de sí mismos y a ser independientes".

En lo que a las Naciones Unidas atañe, no sin lógica ha estimado la Conferencia de Bandung "que para una cooperación eficaz con vistas a la paz mundial, las Naciones Unidas deberán ser universales", y basándose en ese principio, ha solicitado la admisión en la ONU de Estados asiáticos cuales China, Cambodia, Ceylán, Japón, Nepal y Norte y Sur Vietnam, después de su reunificación; el Estado árabe de Jordania y africano de Libia. No se menciona a países situados fuera del área geográfica de la Conferencia, pero es interesante consignar la preocupación de universalidad que ha presidido a la redacción de este punto del comunicado. Además, la Conferencia ha reclamado una más adecuada representación de las naciones afro-asiáticas en el Consejo de Seguridad" (Martín de la Escalera, 1955, pp. 99-100).

Finalmente, tener en cuenta que un punto muy importante de sus reivindicaciones, sobre el que volveremos en otro apartado, lo constituía el tema relativo al uso de la fuerza, ya que en esta cuestión los nuevos Estados, mucho más débiles que los poderosos, tenían las de perder si el principio se mantenía sólo definido a partir de los intereses de las grandes potencias.

3. ETAPAS

Una vez finalizada la II Guerra Mundial, podemos señalar dos grandes etapas, que a su vez se dividen en diversos momentos, coincidentes algunos de ellos en el tiempo, pero no en el espacio.

La primera corresponde de manera global a Asia y la segunda a África. Aunque hay hechos aislados que desvirtúan la exactitud de estas afirmaciones:

- La primera etapa hace referencia al proceso descolonizador que afecta a Oriente Medio y a Asia. A su vez, esta fase se desarrolla en diversos momentos.
  - 1946 y 1947. En estos años se independizan Jordania, Palestina (con la proclamación del estado de Israel en 1948 –resolución de partición de la ONU en 1947-), Líbano y Siria. Aquí habría que incluir también la independencia de Filipinas, concedida por los estadounidenses en 1946.

- El segundo intervalo corresponde a Asia Occidental y abarca desde el mismo 1947 hasta 1948. Corresponde a la independencia de la India (con la formación de Pakistán), Sri Lanka (llamada Ceilán) o Birmania.
- Un año después, en 1949, Indonesia se independiza de Holanda.
- Un nuevo momento, ya en los años 50 se sitúa en Asia Oriental y atañe a los dominios franceses que conformarán en 1954 los estados de Vietnam (Norte y Sur), Laos y Camboya.

• La segunda gran etapa cubre la descolonización de África. Como característica, poner de manifiesto el protagonismo que en este periodo tuvieron las Naciones Unidas, ya que en el caso de Asia estuvieron prácticamente ausentes. Este proceso asimismo fue mucho más complicado y difícil que el anterior, debido a la necesidad de establecer fronteras (lo que no se hizo o se hizo inadecuadamente), al atraso de las poblaciones indígenas (con excepciones) y a un modelo colonizador en general más depredador y menos interesado en las sociedades colonizadas. Así, el mapa de África posterior "reproduce casi las mismas divisiones territoriales que el de la etapa colonial" (Pastor Sanmillán, 1995:44):
  - Las primeras independencias se producen en los primeros años de la década de los 50: Libia (1951), Marruecos, Túnez y Sudán (1956).
  - En la década de los 60, Francia y Gran Bretaña liberan todas sus colonias. Las primeras francesas en 1960 y Argelia en 1962. Los británicos lo harán también entre 1960 y 1967. La excepción a ello en el caso francés será Djibuti, que no se declara independiente hasta 1977. Y en el caso británico la excepción la conforman Sudán (1956) y Ghana (1957).

En el cuadro adjunto pueden verse las fechas de independencia de los distintos países:

Años	Asia	África
1945-1950	Siria, Líbano, Filipinas India, Pakistán, Israel, Birmania, Sri Lanka, Indonesia	
1951-1955	Vietnam, Laos Camboya	Libia

1956-1960	Singapur, Malasia	Marruecos, Tunicia, Camerún, Togo, Madagascar, Congo, Chad, Gabón, República Sud Africana, Níger, Benin, Alto Volta, Costa de Marfil, Senegal, Malí, Mauritania, Argelia, Guinea, Zaire Sudán, Ghana, Nigeria Somalia
1961-1965	Kuwait, Islas Maldivas	Sierra Leona, Tanzania, Ruanda, Burundí, Uganda, Kenia, Zanzibar, Malawi, Zambia, Gambia, Zimbawe.
1966-1970	República Democrática del Yemen, Islas Fidji	Bostwana, Lesotho, Islas Mauricio, Suazilandia, Islas Toga
1971-1977	Bahrein,Oatar	Islas Seychelles Islas Comores, Yibuti Guinea Bissau, Cabo Verde, Mozambique, Santo Tomé y Príncipe, Angola

4. LA DIFÍCIL AFIRMACIÓN DE UNA REALIDAD PROPIA

La irrupción en la sociedad internacional de un importante número de nuevos Estados, conllevó una serie de cambios importantes en la forma de concebir las relaciones entre sus actores, ya que los nuevos Estados tenían, no solo unas concepciones de base diferentes a las de sus metrópolis, sino que también tenían un profundo interés en dejarse oír y conseguir que las reglas jurídicas internacionales fueran reformuladas en función de sus ideales e intereses, pues para ello, numéricamente hablando, conformaban el grupo más numeroso en la Asamblea General de Naciones Unidas. De ahí que una de las consecuencias más importantes tuviera que ver con la reformulación de alguno de los presupuestos básicos del derecho internacional, destacando, entre otros, el tema del derecho al uso de la fuerza. También en este nuevo debate tuvieron mucho que decir en la década los sesenta los Estados socialistas, asimismo empeñados en la reformulación del derecho internacional abarcando más posturas e interpretaciones que las de los Estados occidentales. Ejemplo de ello ha sido la *Declaración relativa a los principios que rigen las relaciones de amistad y cooperación entre estados* (incluida en la Resolución 2625 de octubre de 1970 de la Asamblea General de Naciones Unidas, donde queda demostrada la importancia que los nuevos Estados dan al tema del uso de la fuerza.

Estos países sintieron también la necesidad de aunar esfuerzos y convertirse en un grupo común que hiciera frente a los dos grandes bloques que conformaban la guerra fría. Así, a partir de la Conferencia de Bandung, a la que ya hemos hecho referencia, surgió el Bloque de los No Alineados. Ahora bien, la realidad de su funcionamiento como grupo ha sido más que débil, ya que eran países diversos, con realidades y políticas muy diferentes. Además, muchos de ellos, si bien no se alineaban claramente, sí tenían preferencias y relaciones estrechas con uno de los dos bloques, lo que no les permitía ser realmente neutrales.

Otro intento similar, más adelante fue la formación del "Grupo de los 77", que surgió, en palabras del presidente de Tanzania, J. Nyerere,

> *porque el Tercer Mundo ha comprendido que debía hablar con una sola voz en las sesiones de la Conferencia de las Naciones Unidas sobre el comercio y desarrollo y en las otras reuniones consagradas a los problemas económicos mundiales. Aislados, nosotros éramos débiles; esto es lo que nos ha llevado a las consultas multilaterales, y lo que ha llevado a más de cuarenta naciones a unirse en las reuniones del Grupo de los 77 desde la primera reunión de Argel de 1967 (Intervención ante la Cuarta Reunión Ministerial del Grupo de los 77, celebrada en Arusha en febrero de 1979: (http://unchronicle.un.org/es/article/los-comienzos-del-grupo-de-los-77/).*

No obstante, hay que tener muy en cuenta también que estos países no siempre supieron cómo organizar un Estado independiente y aunque imitaron tanto a los países capitalistas como a los comunistas, no fueron capaces de poner en marcha dichos modelos, cayendo habitualmente en dictaduras muchas veces sangrientas, militares o no. Además se enfrentaron a economías débiles, con infraestructuras básicas escasas y basadas en la agricultura, con niveles de renta muy bajos y con una dependencia cultural, económica y tecnológica de sus antiguas metrópolis. Todo ello dificultó aún más su desarrollo. También una gran cantidad de los Estados sufrió conflictos internos muy duros, provocados mayoritariamente por las diferencias intrínsecas de la población (religiosas, culturales, étnicas...). No ayudó tampoco el hecho de que las fronteras entre los países estuvieran trazadas de manera artificial, sin tener en cuenta la diversidad poblacional. Todo lo anterior favoreció que las antiguas metrópolis o las nuevas potencias ejercieran un control indirecto sobre los gobiernos de los nuevos Estados, lo que ha llevado a hablar de un neocolonialismo en el que dichas potencias intervenían en los asuntos propios de los países cuando así lo consideraban oportuno, negociando además muchas veces contratos que les permitían seguir con la explotación de los recursos naturales. Esto último ha sido muy notorio en los países de África, con poblaciones muy pobres, pero naturalmente muy ricos en minerales, metales preciosos, petróleo... Es decir, estamos ante países que tienen teórica soberanía política pero una práctica dependencia que no les hace realmente independientes y con economías caracterizadas por el subdesarrollo y muy alejadas de los indicadores de los países desarrollados. Además, como recuerda Gabriela Mazorco, "una vez que, con el fin de la Guerra Fría, renace el problema de la etnicidad, el objetivo de dominación planetaria requiere que los resistencias culturales contra el sistema, que ponen en peligro la estabilidad social del modelo de acumulación de capital y dificultan las operaciones de las multinacionales a lo largo y ancho del mundo, sean licuadas mediante la integración de las identidades conflictivas (aquellas cuya diferencia fue reprimida por la modernidad), al mundo globalizado. En otros casos, las diferencias son exacerbadas mediante estrategias ideológico-político-militares gestadas desde los centros de poder para "kosovisar" países, esto es: pedacearlos para neutralizar poderes antisistémicos emergentes, mediante la manipulación de enfrentamientos étnicos (2010: 4).

Y para terminar, es crucial tener presente que el proceso descolonizador aún no está completo. El último país descolonizado fue Timor Oriental que accedió a la independencia en 2002. Ese mismo año entró a formar parte de Naciones Unidas con la denominación de Timor-Leste. A día de hoy quedan diecisiete territorios no autónomos en el planeta, lo que se traduce, según datos de las Naciones Unidas, en unos dos millones de personas que aún no han accedido a la independencia, sino que siguen viviendo bajo dominio colonial.

TERRITORIO	ADMINISTRADOR
Sahara Occidental	España lo abandonó en 1976[7]
Anguila	Reino Unido
Bermuda	Reino Unido
Islas Caimán	Reino Unido
Islas Malvinas	Reino Unido
Islas Turcas y Caicos	Reino Unido
Islas Vírgenes Británicas	Reino Unido
Islas Vírgenes de los Estados Unidos	Estados Unidos
Monserrat	Reino Unido
Santa Elena	Reino Unido
Gibraltar	Reino Unido
Guam	Estados Unidos
Nueva Caledonia	Francia
Pitcairn	Reino Unido
Polinesia Francesa	Francia
Samoa Americana	Estados Unidos
Tokelau	Nueva Zelanda

FUENTE: http://www.un.org/es/decolonization

7 El 26 de febrero de 1976, España comunicó al Secretario General que a partir de dicha fecha daba por terminada su presencia en el Territorio del Sáhara y que estimaba necesario hacer constar lo siguiente: España se consideraba a partir de ese momento exenta de toda responsabilidad de carácter internacional en relación con la administración del Territorio, en vista de que había cesado su participación en la administración temporal establecida para el Territorio. En 1990 la Asamblea General reafirmó que la cuestión del Sáhara Occidental era un problema de descolonización que debía ser resuelto por el pueblo del Sáhara Occidental.

BIBLIOGRAFÍA

- ARACIL, R., Oliver, J. y Segura, A.(1998). *El mundo actual: de la Segunda Guerra Mundial a nuestros días*. Barcelona: UAB.
- GRIMAL, H. (1989). *Historia de las descolonizaciones del siglo XX*. Madrid: IEPALA.
- KISSINGER, H. (1995). *La Diplomacia*. México: Fondo de Cultura Económica.
- MARTÍN DE LA ESCALERA, C. (1955). La Conferencia de Bandung, sus conclusiones y su posible alcance, *Revista de política internacional*, 22, Madrid: Centro de Estudios Políticos y Constitucionales, pp. 91 a 103.
- MARTÍNEZ CARRERAS, J.U.(1995). "La ONU y la descolonización", *Revista de Historia Contemporánea*, Madrid: UCM.
- MAZORCO IRURETA, G. (2010). "La descolonización en tiempos del Pachakutik", *Polis, Revista de la Universidad Bolivariana,* Sin mes. Disponible en: http://www.redalyc.org/articulo.oa?id=30515709010. Fecha de consulta: 5 de enero de 2016.
- MOREIRA, A. (1967) en CORDERO TORRES, J. M. *La descolonización. Un criterio hispánico.* Madrid: Instituto de Estudios Políticos.
- PASTOR SANMILLAN, A. (1995). *La Descolonización: El Tercer Mundo.* Madrid: Akal.
- WOLFENSONULANOWSKA.(2014). *Festividades y Celebraciones de Mi Pueblo*. (Ebook)

Recursos digitales y páginas web:

- *Carta de Naciones Unidas*http://www.un.org/es/documents/charter/chapter11.shtml)
- http://www.un.org/es/decolonization/

CAPÍTULO 2 ¿POR QUÉ CONCEDER LA INDEPENDENCIA? FRANCIA Y GRAN BRETAÑA ANTE LA DESCOLONIZACIÓN DE ÁFRICA

Isabel María Pascual Sastre
Profesora de Historia Contemporánea
Universidad Rey Juan Carlos

Este trabajo tiene como objetivo estudiar la descolonización en África. Y, más en concreto, la forma de llevarla a cabo por parte de las dos metrópolis con más territorios colonizados en el continente negro. Plantearlo así, de entrada implica presuponer que la modalidad que adoptaron a la hora de dar la libertad a sus colonias fue diferente de otras potencias europeas. Y esto es lo que vamos a intentar abordar.

La estructura que para ello seguiremos será dividir el texto en tres partes principales: primeramente expondremos las características distintivas del proceso descolonizador en el continente africano. Seguidamente entraremos en el análisis de la descolonización británica y francesa. Y en la tercera y última parte esbozaremos una comparación con las descolonizaciones de otras metrópolis europeas, de menor relevancia en la comunidad internacional de entonces, justamente para observar la originalidad o no de los casos francés y británico.

La descolonización es el proceso histórico de liquidación del sistema colonial, por el que los territorios dependientes de Europa alcanzaron su independencia política tras la Segunda Guerra Mundial. La descolonización, a diferencia de las independencias de finales del siglo XVIII e inicios del XIX, fue un fenómeno de posguerra, que hizo singular este periodo. Supuso, de entrada, la liquidación de los imperios coloniales europeos constituidos en la época del imperialismo, desde finales del siglo XIX (no antes). Además, conllevó la creación de Estados independientes en los antiguos territorios dependientes. Asimismo, implicó la ampliación de la Comunidad Internacional con un buen número de nuevos actores de pleno derecho, nuevos sujetos de Derecho Internacional. Por último, significó igualmente el surgimiento del Movimiento de los Países No Alineados, propio de aquella época de la Guerra Fría.

Fue, por tanto, un proceso muy vasto que produjo un cambio decisivo, que llevó aparejada una compleja problemática a escala mundial. Justamente, respecto al resultado final, cabría distinguir dos situaciones: una de *descolonización*, en la que se ha dado la independencia no sólo política, sino también económica, social y cultural; y, otra, de *independencia* sólo de carácter formal y externo, con una aparente soberanía política, mientras se mantienen las viejas estructuras socio-económicas coloniales. Esto es, la situación de *neocolonialismo*.

I. CARACTERES DE LA DESCOLONIZACIÓN EN ÁFRICA

Entre los factores que actuaron en África a favor de su descolonización cabe destacar, en el plano internacional, las consecuencias de la Primera y, sobre todo, de la Segunda Guerra Mundial, el ejemplo de las independencias en Asia y el impulso de la Conferencia de Bandung, la independencia del Islam asiático y su reflejo en el Islam africano y, por último, la acción y la política de los organismos mundiales. En cambio, en el plano interno, como factores propiamente africanos se encuentran la formación y desarrollo del nacionalismo, con una raíz histórica tradicional; además, las transformaciones económicas, sociales e ideológicas sufridas en las últimas décadas; asimismo la búsqueda y reivindicación de una tradición socio-cultural y un pasado histórico propios; e igualmente, la unidad y solidaridad continental, representada por el Panafricanismo. (Martínez Carreras, 1987, pp. 284-287 y 289-301).

La descolonización en África tuvo lugar justo después de la oleada de independencias en Asia. Se dio muy rápidamente, en apenas un decenio. Como fases de las independencias africanas, cabe señalar dos. Una primera desde el final de la Segunda Guerra Mundial hasta el año 1960, con la consolidación de los nacionalismos africanos. Fueron los años críticos de la revolución y la lucha por la independencia, que comenzaron a alcanzarse primero, entre 1952 y 1956, en el África islámica septentrional y, después, entre 1957 y 1960, en el África subsahariana.

La segunda fase iría de 1960 a 1980, cuando se generalizó la descolonización política, al tiempo que recibió un impulso el ideal panafricanista al constituirse la OUA y se radicalizaron los movimientos de liberación contra las resistencias colonialistas, con las fechas significativas de 1975, al independizarse las colonias de Portugal, y de 1980 al hacerlo Rhodesia (del Sur) que dio nacimiento a Zimbabwe. (Martínez Carreras, 1987, pp. 288-289).

Cabe volver aquí sobre la paradoja conocida de que la propia colonización engendró su autodestrucción. Como puso de relieve el historiador marxista y aristócrata británico Thomas Lionel Hodgkin, las contradicciones motrices existían ya en el seno del propio colonialismo, tanto en su aspecto teórico, como en el práctico (Hodgkin, 2000). Y en palabras del burkinés Joseph Ki-Zerbo, que lo citaba, "los mismos principios coloniales, inculcados por medio de la educación y de la práctica administrativa, ¿acaso no desembocaban en las reivindicaciones anticolonialistas, sobre todo cuando se llevaban hasta el límite de la lógica?". Y añadía: "La marcha hacia la independencia de los estados africanos negros ha sido unos de los fenómenos políticos más espectaculares de la segunda mitad del siglo XX. [...] El movimiento liberador chocó, sin embargo, contra los bastiones de la resistencia colonialista en los territorios portugueses –luego independizados- , y racista en el sur de África". (Ki-Zerbo, 2011, pp. 707-708 y 730). Sí, así fue, pero allí y sólo allí.

De ahí que, medio siglo después de las independencias, es posible afirmar, por un lado, que, en ninguna parte, las potencias coloniales fueron obligadas militarmente a conceder la libertad a sus posesiones. Incluso donde se desarrollaron guerras, la independencia fue finalmente decidida por las metrópolis. (Así en Argelia –por el general De Gaulle- o en Angola, Mozambique o Namibia). Además, las opiniones de los colonizados estuvieron, al menos, divididas entre quienes se sumaron a la resistencia de la metrópoli y quienes lucharon en su contra (como en Argelia, Angola y Mozambique, o en Namibia y Rhodesia). Por añadidura, "la descolonización fue fácilmente aceptada por unas metrópolis deseosas de poner fin a un anacronismo económicamente costoso y generador de problemas en el plano político internacional". (Lugan, 2009, 729-730).

2. LAS DESCOLONIZACIONES BRITÁNICA Y FRANCESA

Partiremos de un presupuesto general, a saber, que de la actitud de las potencias hacia sus territorios coloniales dependió en buena medida la modalidad de descolonización. Es más, incluso el grado de entendimiento o no entre la metrópoli y la colonia conllevó *a posteriori* que el proceso de descolonización fuera más pacífico o más violento.

La actitud política seguida por las metrópolis en sus intentos de adaptarse a la situación del mundo en torno a la II Guerra Mundial tuvo una doble cara, por un lado, fue consecuencia de la tendencia general favorable a la descolonización, pero, a la vez, actuó de causa y de impulsora de las independencias. De hecho, para adaptarse a las nuevas realidades, los gobiernos europeos adoptaron una serie de normas y medidas sobre la administración colonial que, aunque inicialmente estuvieron motivadas por el deseo de continuar manteniendo el control sobre las colonias, modificando sólo formalmente el régimen colonial, fueron preparando la marcha hacia la independencia política.

Entre las potencias coloniales, fueron especialmente Gran Bretaña y Francia las que llevaron la iniciativa en el tiempo, acertando -particularmente la primera- a crear un modelo nuevo de estructura imperial, con originales y perdurables relaciones entre la metrópoli y los territorios dependientes, en el marco de la Comunidad Británica. Por su parte, Holanda (fuera de África) y Bélgica intentaron tardíamente establecer esas nuevas relaciones, pero no consiguieron el modelo necesario. Por último, España y Portugal no se propusieron una cosa así y desplegaron una política de provincialización, que desembocó en la ruptura y el conflicto. Con todo, España se desenganchó de esta actitud hacia 1963 en relación con África, iniciando una política de descolonización hasta 1975. En este sentido, se presentan como muestra de acertada y completa política de descolonización las llevadas a cabo por el Reino Unido y por Francia.

Gran Bretaña inició una política de transformación del régimen existente en sus colonias de poblamiento blanco, que marcó la evolución del Imperio Colonial británico hacia la constitución de la *Commonwealth*, la Mancomunidad Británica de Naciones, uno de los grandes acontecimientos de la historia contemporánea, que sirvió como ejemplo de descolonización para ser aplicado a la totalidad de sus colonias. Esto tuvo lugar a través de una evolución paulatina.

Entre 1870 y la Primera Guerra Mundial se dio la época del gran imperialismo británico. Coetáneamente comenzaron a concederse constituciones de federación y autonomía a las colonias de poblamiento británicas más avanzadas en el orden político y más desarrollado en el económico. Fue el caso de la Unión Sudafricana en 1909. Luego, en el periodo de entreguerras, el Imperio británico alcanzó su mayor auge y plenitud. Los progresos de cara a la implantación de un estatuto político por completo independiente fueron facilitados por las Conferencias Coloniales y sus continuadoras, las Conferencias Imperiales. Así, por ejemplo, se partió de acordar (en la Conferencia de 1907) el uso del término de "dominio" en lugar de colonias para los territorios de poblamiento blanco con gobierno responsable y constitución propia. Con la Declaración Balfour en la Conferencia de 1926 se tomó la decisión de transformar el Imperio en la *Commonwealth*, un sistema político basado en una asociación voluntaria a fin de perseguir el beneficio económico común. Así el Estatuto de Westminster de 1931 puso el sello de legalidad a la situación ya existente y representó el Acta de Constitución de la Mancomunidad Británica de Naciones. Y en la Conferencia de 1932 (en Otawa) se establecieron una serie de tratados económicos bilaterales entre el Reino Unido y los dominios, que supusieron un sistema de preferencias imperiales. De este modo, en vísperas de la Segunda Guerra Mundial, el Imperio británico presentaba una gran diversidad en cuanto a su constitución: por un lado, la *Commonwealth* y, por otro, las dependencias coloniales con un variado carácter jurídico-administrativo, como las colonias de la Corona, los protectorados, los mandatos surgidos de los vencidos en la Primera Guerra Mundial y otros establecimientos diversos.

Con ocasión de la II Guerra Mundial, los británicos sustituyeron la *Colonial Development Act* de 1929 por el *Colonial Development and Welfare Act* (1940), que preveía unos créditos modestos de cinco millones de libras para un plazo de diez años, pero que alcanzaron los 125 millones de libras al concluir la guerra. A partir de 1945, para cada territorio se organizó un *Office* de Desarrollo y Reconstrucción. Y se dio especial importancia al fomento de la enseñanza, con creación de universidades y el número de escolarizados aumentó muy considerablemente (Coquery, 1976, p. 126).

En la segunda posguerra, la Mancomunidad Británica experimentó una etapa de larga transición, en la que se transformó completamente, y así, en abril de 1949, a raíz de la Declaración de Londres, el adjetivo "británico" fue eliminado del título de la *Commonwealth*. En una muestra de sentido realista y pragmático, desde 1949 admitió englobar en su seno a todos los territorios dependientes que, en su cuasi totalidad, fueron accediendo a la independencia en aquellos años. Esto implicaba aceptar como miembros a Estados republicanos, para quienes la soberana británica no era más que la cabeza o jefe de la *Commonwealth*, sin ningún tipo de lealtad a la Corona británica; y, además, suponía admitir que la organización se transformaba en multi-étnica y multi-lingüística. Eso sí, la Mancomunidad de Naciones preservó bajo nuevas formas las relaciones entre la metrópoli y sus antiguas colonias, ahora Estados soberanos, pero con garantías económicas para los intereses británicos. En el África subsahariana británica este proceso de liberación se inició a partir de 1957 con la independencia de Ghana. En esta *Commonwealth* rediseñada, los nuevos Estados, todavía en vías de desarrollo, buscaron el apoyo económico y la asistencia técnica de la antigua metrópoli. De esta forma, se hacía realidad el sueño de los primeros colonizadores: una influencia económica ejercida sin el apoyo del poder político. En todo caso, una muestra del nuevo talante de la nueva Mancomunidad de Naciones fue la suspensión y salida de la misma de la Unión Sudafricana (uno de sus miembros fundadores) en 1961 por su política racista[1]. Estaba claro que en la nueva institución los pueblos no occidentales eran ya mayoría.

Entre 1966 y 1971, se dio una fase de crisis y conflictos internos, que produjo un desgaste de la *Commonwealth* como organización mundial. Entre otros, se encuentran los casos de Rhodesia del Sur, que –tras la independencia de Zambia- proclamó unilateralmente su independencia en 1965, abandonó la Mancomunidad de Naciones en 1966 y se transformó en República de Rhodesia en 1970. O también el

1 Y sólo fue readmitida en 1994 con Mandela.

caso de Nigeria donde, tras los sucesivos golpes militares de 1966, vivió entre 1967 y 1970 la secesión de los igbo y la cruenta guerra de Biafra.

Por último, desde 1971, se inició una nueva fase de renovación de la Mancomunidad de Naciones y de adaptación a los nuevos tiempos, que produjo un reflorecimiento de la misma, tanto por su organización y estructura internas, como por su papel y funcionamiento internacional, en cuanto asociación válida para la cooperación y la paz mundiales. El ingreso del Reino Unido a la *Comunidad Económica Europea* en 1973 no supuso el final de la *Commonwealth*, pues sus miembros continuaron obteniendo ventajas de pertenecer a ella. Entre sus éxitos estuvo el arreglo de la cuestión de Rhodesia del Sur en 1979 y así la proclamación pacífica de la independencia de la República de Zimbabwe en 1980, bajo el gobierno -hasta el presente- de Robert Mugabe. De esta manera, la Mancomunidad de Naciones llegaba a su máxima extensión y perfeccionamiento, adquiriendo el carácter más de una mini-ONU, que del "club de *gentlemen*" que había tenido inicialmente.

Así, en el África actual de 55 países independientes, 18 pertenecen hoy[2] a la *Commonwealth* y un Estado nuevo ha solicitado su ingreso, Sudán del Sur. Es más, los dos últimos miembros que se han incorporado a la Mancomunidad de Naciones son africanos, Ruanda (en 2009)[3] y Mozambique (en 1995), dos países sin ningún lazo histórico con el Imperio británico.

Por lo que se refiere a Francia, al terminar la II Guerra Mundial, la opinión francesa estaba traumatizada por la derrota de 1940 y por sus consecuencias. En estas circunstancias, Francia vio en el Imperio un sustituto de poder. Al mismo tiempo, las personas más lúcidas habían comprendido que las colonias eran a la vez un fardo pesado para la economía francesa y un obstáculo político que aislaba al país galo en el plano internacional. De este modo, en pocos años, *l'Hexagone* se desembarazó de su carga colonial.

El Imperio Colonial francés, al término de su formación, constituía un ensamblaje heteróclito, por la variedad de *status* (de asociación, de asimilación, etc.), como consecuencia de las circunstancias de la conquista o de la adquisición, siendo la asimilación la excepción, mientras que la sujeción era la regla. El protectorado correspondía raramente a un estatuto de autonomía relativa. En estas circunstancias, Francia adoptó una política de descolonización más tardía que la británica,

2 Sierra Leona, Ghana, Nigeria (suspendida en 1995 y readmitida en 1999), Camerún, Namibia, Sudáfrica (suspendida en 1961 y readmitida en 1994), Lesotho, Swazilandia, Botswana, Zambia, Malawi, Mozambique, Tanzania, Kenia, Uganda, Ruanda, Seychelles y Mauricio. Sudán del Sur -tras proclamar su independencia de Sudán en julio de 2011- solicitó su ingreso en 2013. (No pertenecen hoy a ella: Zimbabwe, que fue suspendida en 2002 y la abandonó en 2003; y Gambia que la abandonó en 2013).

3 Previamente, un año antes, en 2008, Ruanda había decidido cambiar la lengua usada en el ámbito educativo: se pasó del francés al inglés.

no siguió unas líneas tan coherentes de actuación, estuvo más ligada al proceso político interior francés y no llegó a consolidar un marco institucional como la *Commonwealth*. A pesar de todo ello, los sucesivos gobiernos franceses tuvieron conciencia de las nuevas realidades coloniales, de la necesidad de realizar a tiempo los cambios y adaptaciones que se requerían, estableciendo las disposiciones administrativas y jurídicas precisas. Sin embargo, al final, Francia, que había dado como ejemplo al mundo su modelo de Estado-nación, fue incapaz de poner en marcha una política colonial coherente con el fin de preparar una verdadera emancipación de los pueblos. Y, de hecho, Francia lo pagó a la hora de la descolonización con dos terribles guerras, en las que fue vencida, militarmente en el caso de Indochina (1945-54) y políticamente en el caso de Argelia (1954-1962).

La descolonización del Imperio Colonial francés pasó por varias etapas. Primeramente, durante la II Guerra Mundial, con la metrópoli ocupada y dividida, el Imperio quedó igualmente dividido, apreciándose la crisis colonial en África del Norte. Un exponente de la necesidad de adopción de medidas renovadoras fue la celebración de la Conferencia de Brazzaville (del 30 de enero al 8 de febrero de 1944), con la asistencia de De Gaulle como jefe del Gobierno Provisional de la República Francesa. Dicha Conferencia reunió al personal administrativo colonial con los representantes del gobierno de Argel y esbozó las grandes líneas del programa de reformas, si bien tuvo un carácter administrativo, sin representación directa africana. "Las perspectivas de desarrollo, centradas en la industrialización, marcaban, al fin, el viraje de la doctrina financiera colonial, con la creación, en 1946, del Fondo de Inversión para el Desarrollo económico y social (FIDES)". En todo caso, las reformas políticas anunciadas fueron muy limitadas. La Conferencia descartó toda perspectiva, aunque lejana, de auto-gobierno y los delegados continuaron siendo fieles al concepto de asimilación. (Coquery, 1976, pp. 133-134).

Posteriormente, entre 1946 y 1958 fueron los años de la *Unión Francesa*, regulada por la Constitución de la IV República (octubre 1946) como institución que enmarcó legalmente las relaciones entre la metrópoli y las colonias, y que ha sido calificada de "último parche colonial". Al final, las crisis coloniales (derrota de Dien Bien Phu, 1954), especialmente las del Maghreb (independencia de Marruecos y Tunicia, guerra de Argelia, 1955-1962), y la Conferencia afro-asiática de Bandung, demostraron "la inanidad de la lucha contra la corriente anti-colonialista" y determinaron la conveniencia de la promulgación de la ley de bases o "ley marco" de 1956, "que instituyó el sufragio universal y creó los Consejos de gobierno con competencia interna, elegidos por cada Asamblea territorial", y constituyó "un paso decisivo en el camino hacia la autonomía" (Coquery, 1976, p. 134).

Por último, entre 1958 y 1960, con el acceso al poder del general De Gaulle y la promulgación de la Constitución de la V República (septiembre 1958) se dio nacimiento a la *Comunidad Franco-africana* (1958), como nuevo organismo que sustituía las viejas estructuras coloniales en las relaciones entre la metrópoli y los territorios dependientes, principalmente los africanos, que no se beneficiaban de la ciudadanía y eran dotados de una autonomía muy limitada, ya que Francia continuaba controlando en dichos territorios su política exterior y de defensa, la moneda y la política económica, así como sus materias primas consideradas estratégicas. En el referéndum organizado para su aprobación, todos los territorios africanos aprobaron el estatuto de la Comunidad, pasando a ser miembros de la misma. Sólo Guinea, dirigida por Sékou Touré, se negó a formar parte de la Comunidad y eligió la independencia inmediata. La instauración de dicha Comunidad llevó a la desaparición de dos agrupaciones de territorios coloniales, como eran el África Occidental Francesa (AOF, que había sido instituida en 1895) y el África Ecuatorial Francesa (AEF, de 1910). Aunque los Estados miembros pidieron casi inmediatamente que se les transfirieran las funciones comunes, esta etapa les permitió emanciparse sin rupturas económicas. Así, "los diferentes Estados, incapaces de superar las rivalidades entre sus líderes y de oponerse a la política francesa de acuerdos bilaterales, optaron todos, finalmente, por la independencia en 1960". En efecto, sus territorios evolucionaron y accedieron ya muy pronto a la libertad, creando un nuevo tipo de vinculaciones entre la vieja metrópoli y los nuevos Estados independientes y soberanos. (Coquery, 1976, pp. 134-135; Martínez Carreras, 1987, pp. 369-373).

Vistos los modos y los tiempos que adoptaron las dos grandes potencias para permitir el proceso de emancipación de sus colonias, subsiste la cuestión de cómo fue posible algo así. Para comprenderlo ayuda el razonamiento que David Keneth Fieldhouse (1984) hizo al respecto. El historiador británico parte de recordar que no hubo nada "más espectacular" en la historia de los imperios coloniales "que la velocidad con que desaparecieron". Y, además, presenta la aparente contradicción de que las principales potencias coloniales eran las vencedoras de la II Guerra Mundial y seguían siendo las principales potencias. De ahí que niegue la posibilidad de explicar la descolonización en términos de decadencia de Occidente, pues éste "conservó su preponderancia económica y política". Fieldhouse afirma que el proceso estuvo dominado por dos elementos: el desarrollo del nacionalismo y "una significativa desconfianza en sí mismos" por parte de los países imperiales, "que acabó convirtiéndose en un sentimiento de culpa". Ambos elementos habrían empezado a actuar desde finales del siglo XIX, pero se habrían manifestado plenamente después de 1945.

Es más, Fieldhouse abunda en las paradojas acerca de esa situación al recordar que el dominio europeo se había basado "en el apoyo positivo o en el consentimiento tácito de los pueblos sometidos". Y, además, no todos los movimientos nacionalistas contaban con un amplio apoyo en su opinión pública local; incluso en muchas regiones el dominio extranjero habría podido ser impuesto materialmente por mucho más tiempo del que permaneció. De ahí que la pregunta que se plantea es por qué las potencias coloniales estuvieron dispuestas a capitular después de 1945. Y da dos razones para ello: primero, "la prolongada influencia de las ideas filantrópicas, liberales y socialistas", con lo que la voluntad de dominar se había debilitado y la opinión pública occidental no parecía dispuesta a aceptar el coste financiero y moral de la represión violenta; y, segundo, que en 1945 no existía la posibilidad de conservar las colonias más importantes de Oriente y el éxito de estas independencias tuvo consecuencias muy relevantes para las demás zonas coloniales, especialmente en África, "donde se trataba sencillamente de establecer si valía la pena pagar el precio de la represión del nacionalismo". En general, todas las potencias coloniales, salvo España y Portugal, decidieron aceptar la inevitabilidad de la descolonización. A comienzos de la década de 1950, sólo se trataba ya de establecer a qué ritmo se debía proceder a la evacuación". (Fieldhouse, 1984, pp. 311-313).

Planteado así, desde la perspectiva de las metrópolis, ¿cómo es posible interpretar estas descolonizaciones? De entrada, hay que apuntar a una fuerza que surgía completamente nueva; John Iliffe llama la atención sobre su enorme trascendencia: el crecimiento demográfico sin precedentes que se produjo en África durante la segunda mitad del siglo XX, un continente históricamente despoblado que pasó de más de 200 millones en 1950 a 600 millones en 1990 (en 40 años se había triplicado), debido al progreso médico, complementado con una creciente fertilidad (Iliffe, 1998, p. 311). Iliffe afirma que los líderes nacionalistas africanos y los estadistas metropolitanos sólo tuvieron "una percepción confusa de las fuerzas sociales" que se habían desencadenado y que estuvieron presentes "en la liberación de África durante la generación de 1950; todos tenían "asuntos más acuciantes de qué ocuparse", concluye (Iliffe, 1998, p. 313).

De hecho, Iliffe explica que los nacionalistas alcanzaron el poder central en cada colonia, y lo utilizaron para reforzar su propia autoridad y crear las naciones-Estado modernas. Por su lado, los colonialistas tenían diversas metas. Los británicos planearon la devolución paulatina de sus territorios a Estados sucesores que les fueran amigos. Francia y Portugal preveían una mayor integración entre las colonias y sus metrópolis. Bélgica apenas sí pensó en el problema. En todo caso, todos estaban al tanto de los cálculos del contexto internacional, la Guerra Fría. En este sentido, hay que subrayar que las potencias coloniales tuvieron en cuenta tanto el coste de la represión contra el nacionalismo, como el coste de la modernización del colonialismo, que subía –no se olvide- en proporción al histórico crecimiento demográfico. Los beneficios de retener el poder se volvieron dudosos, una vez que Europa se recobró económicamente de la II Guerra Mundial a comienzos de la década de los 50.

Los tecnócratas franceses empezaron a considerar las colonias como una carga en los sectores más progresistas de la industria. Las autoridades británicas llegaron en 1957 a la conclusión de que, desde el punto de vista económico, poco importaba si se conservaban o se perdían las colonias. Muchos hombres de negocios estuvieron conformes: su prioridad era mantener buenas relaciones con quienes tuvieran el poder en sus manos también en África. Por consiguiente, a finales de la década de 1950, no resultaba lucrativo el resistirse al nacionalismo. El Secretario de Colonias británico, I. Macleod, recordaba que había riesgos en marcharse rápidamente, pero los riesgos de marcharse lentamente eran mucho mayores. De Gaulle hizo los mismos cálculos al regresar al poder en 1958. Los belgas lo hicieron en 1959. "Todos consideraron más fácil el transferir los crecientes problemas de África a sus sucesores africanos. Sólo los portugueses y los colonos del África del Sur optaron por luchar, porque opinaban que conservar el poder político era vital para su supervivencia. Pero todos estos cálculos se vieron condicionados por la acción nacionalista". (Iliffe, 1998, p. 315). Veamos los dos casos que nos ocupan.

Para el imperio británico, y desde el punto de vista económico, los especialistas sostienen que África habría sido un elemento secundario, sino marginal e incluso insignificante, dentro del entramado imperial, tanto en el conjunto del capital británico, como en su comercio, así de importaciones, como de exportaciones. Respecto a este último, gracias a Fildhouse, se sabe que en la época de apogeo imperial, la totalidad de las colonias británicas -entre ellas las africanas- sólo proveía a Gran Bretaña entre el 5,1 y el 7,9% de todas sus importaciones, y entre el 6,3 y el 10,8% de todas sus exportaciones. Y en estas cifras totales de su comercio colonial, África representaba como máximo un tercio de esas cantidades, probablemente menos, es decir, entre el 1 y el 2% de las importaciones, y del 2 al 3% de las exportaciones británicas (Cain y Hopkins, 1993; Offer, 1999, pp. 690-711; Fildhouse, 1999, pp. 88-113; Lugan, 2009, 815-817).

En el caso francés, también se está presentando la descolonización como una necesidad económica (Bonnefous, 1963; Marseille, 1984 y 1986; Daumalin, 1992; Lefeuvre, 2005; Lugan, 2009, pp. 772-780). De hecho, desde esta perspectiva se afirma que las colonias de la antigua monarquía francesa pudieron ser rentables para ciertos franceses, pero fueron ruinosas para Francia. Y que habría sucedido lo mismo en el caso de las colonias adquiridas por la III República. En este sentido, se entiende que Jules Ferry y los imperialistas se habrían equivocado grandemente, pues, para Francia, la cuenta habría resultado muy cara. Es más, se afirma que las colonias arruinaban a Francia, que todos los responsables políticos lo sabían, pero que eran muy pocos quienes lo decían. Así se subraya que, desde antes de la I Guerra Mundial, ya estaba claro que la empresa colonial no producía beneficios, salvo en el caso de ciertos sectores a menudo marginales. Dado que el capital privado se niega a invertir en empresas no rentables, el Estado se habría visto obligado a sustituir por sí mismo al capital privado. Y así la puesta en valor del imperio africano habría sido totalmente financiada por los ahorros de los franceses; y las sumas considerables que allí fueron invertidas, habrían sido retiradas del capital disponible francés con el fin de financiar en ultramar unas infraestructuras necesarias en la metrópoli.

En definitiva, el presupuesto metropolitano habría financiado la totalidad del plan de desarrollo del imperio africano francés. Y un gasto semejante habría frenado toda modernización, toda mutación de la propia economía francesa en el momento en que sus principales competidores mundiales le habrían adelantado de forma determinante.

3. COMPARACIÓN CON OTRAS DESCOLONIZACIONES: BELGA E ITALIANA

Independientemente de la consideración o no de la descolonización como un imperativo convertido en una necesidad política y económica, lo que queda en evidencia es que, frente a un proceso descolonizador más calculado y racional en los casos británico y francés, las modalidades adoptadas por otras metrópolis fueron diversas: la belga se caracterizó por la precipitación, la italiana por tratarse de una consecuencia de la II Guerra Mundial y ser organizada por la ONU, mientras que en los casos de la península ibérica fueron tardías.

La descolonización belga dejó la impresión de desastre, tanto en el Congo, en donde la política de Bruselas fue incoherente, como en Ruanda, donde un exceso de intervencionismo puso las bases de catástrofes más recientes. En el caso del Congo belga, ante la pregunta de si enriqueció a Bélgica, se afirma que el Congo no contaba para la economía belga (Stengers, 1957), aun a pesar de tener una importancia económica considerable para ciertos belgas. Bélgica no saqueó el Congo y, no obstante, esta colonia fue en donde los beneficios privados y de los consorcios fueron los más considerables. A pesar de ello, las inversiones necesarias para la explotación de las potencialidades mineras fueron considerables (en carreteras, vías férreas, puertos, etc.), mientras que las inversiones sociales (escolarización y salud) fueron descuidadas en las misiones católicas. La originalidad del Congo belga era que podía atender a sus propias necesidades, ya que el plan de desarrollo de cada decenio y las inversiones eran financiados por el propio territorio congoleño.

En este sentido, el Estado Libre del Congo enriqueció a Bélgica antes de 1908, mientras el rey Leopoldo II extrajo sus recursos para poner en marcha en Bélgica una política de grandes obras públicas. Fue un periodo sombrío de la historia de la colonización, con una auténtica política de explotación fundada sobre el trabajo forzado, denunciado desde 1899 por Joseph Conrad en *El corazón de las tinieblas*, como para Francia por el *Informe Brazza*, que ha sido publicado sólo en 2014 por Catherine Coquery-Vidrovitch. Pero esto constituyó un paréntesis siniestro. A partir de 1908, el Congo pasó a ser una colonia belga y sus recursos no sirvieron más que a su propio mantenimiento o desarrollo. Además, a partir de ese momento,

Bélgica lanzó un programa de equipamiento de carreteras, ferrocarriles, puertos, etc.; y el Congo financiaba su propio plan de desarrollo e inversiones. Sólo hubo una excepción, la crisis de los años 30, que arruinó al Congo belga a causa de la caída de los precios del cobre; entonces el Estado belga se vio obligado a intervenir y creó la Lotería colonial. Sin embargo, el problema llegó a partir de 1955, cuando el Congo belga cayó en bancarrota y Bruselas tuvo que rescatar su hacienda. En 1956-57, las inversiones bajaron y el fenómeno fue amplificado por un hecho nuevo en esta colonia, donde los beneficios eran reinvertidos en el propio lugar: el hecho fue la huída de capitales, que mostró hasta qué punto los europeos de la metrópoli habían perdido la confianza en el futuro del Congo belga. El agujero financiero congolés amenazó con abrirse bajo los pies de la próspera Bélgica. Esto sería lo que explicaría la precipitación en desembarazarse lo más rápido posible -e incluso a no importa qué precio- de una colonia que peligraba convertirse en una carga insoportable.

Catherine Coquery-Vidrovitch lo explica claramente, al señalar que la concesión tan precipitada de la independencia a una colonia caracterizada por su inmovilismo paternalista "fue más bien fruto del temor a que se constituyera en un «Estado colono», que a la acción del nacionalismo africano, todavía balbuciente". De hecho, los colonos sabotearon con su intransigencia el plan de emancipación belga. Y el "peligro se concretó con la crisis del sistema colonial, acentuada por la recesión de 1955-59. El paro y la caída de las cotizaciones de los productos agrícolas y del cobre intensificaron, sobre todo, el malestar urbano exacerbado por el éxodo rural que siguió al *boom* interior (1950-1955)" (Coquery, 1976, p. 132; y Merlier, 1962, p. 243). Así, cuando el rey Balduino, en visita al Congo en 1955, dejó traslucir la idea de un proyecto de *Comunidad belgo-congoleña*, que podría preparar la independencia en unos treinta años, los funcionarios y responsables de las sociedades mineras admitieron aquel lento proceso; sin embargo, "los colonos –empresarios agrícolas, agentes locales de importación-exportación y personal fijo de las minas- se opusieron enérgicamente a cualquier innovación". Si bien es cierto que en 1958, la *Federación de Asociaciones de Colonos* (FEDACOL) acabó por aceptar la autonomía regional, si bien siguió rechazando el sufragio universal, sus secciones del este y del sur del país optaron por "oponerse con la violencia al plan metropolitano. Los colonos de Katanga fundaron entonces la *Union Katangaise*, foco del futuro separatismo local".

La evolución posterior de los acontecimientos es bien conocida. Sólo meses después, los disturbios de Leopoldville de enero de 1959 aceleraron que Bruselas prometiera la independencia inmediata y un año después fue concedida, ante la sorpresa de los propios congoleños. Esto "respondía al plan que Bélgica tenía en adelantarse a sus propios súbditos, que amenazaban con la secesión en un Estado blanco. Ahora bien, era necesario liquidar la economía colonial –no rentable a partir del momento en que exponía al país a la insurrección-en beneficio de un imperialismo financiero más apto para asegurar el porvenir de las compañías metropolitanas"

(Coquery, 1976, p. 133; Emmanuel, 1971, pp. 67-96). Y la figura con la que contó para ello Bélgica, a pesar de su posterior imagen mítica, fue Patricio Lumumba. Era el líder de uno de los dos partidos creados en 1958, con aspiraciones de implantación nacional (el *Movimiento Nacional Congoleño*), e imitador del partido liberal belga. Lumumba compartía este planteamiento metropolitano, y fue elegido y proclamado primer ministro del nuevo Estado independiente, apareciendo "como el aliado objetivo del gran capital metropolitano frente a Tshombe, el hombre de los colonos de Katanga". Sin embargo, Lumumba no pudo resolver los problemas insalvables y el nuevo país en pocas semanas precipitó en el caos, que se llevó su propia vida por delante. (Coquery, 1976, pp. 132-133; Coquery, 1971, pp. 515-534).

En el caso de Ruanda-Urundi, un mandato belga posterior a la I Guerra Mundial, desposeído al vencido imperio alemán, la situación es comparable a la de otros territorios coloniales, donde los gastos comprometidos por la metrópoli se hacían a fondo perdido. Por lo demás, mientras que, en el Congo belga, Bruselas abdicó de sus responsabilidades, en Ruanda se mezcló en la situación *in situ* y en tal medida que la cambió en profundidad, hasta crear las condiciones de desestabilización que condujeron a las tragedias de 1994.

En el caso italiano, por último, a pesar de contar con unos medios limitados y un contexto internacional raramente favorable, la nueva monarquía italiana surgida del *Risorgimento* había conseguido con muchos esfuerzos dotarse de un imperio colonial según sus ambiciones de gran potencia europea, pero la empresa le resultó poco rentable. Llegada tarde al reparto colonial, malgastó recursos financieros y humanos en una aventura imperial, que se había convertido en anacrónica en diversos sentidos. Con el estallido de la II Guerra Mundial e Italia en el bando del Eje, los aliados liberaron en 1941 el territorio ocupado por Mussolini, Etiopía (el virreinato de Abisinia), y colocaron nuevamente en el trono al negus Haile Selassie. Por otro lado, desde 1943, Gran Bretaña administraba la Cirenaica y la Tripolitania. Por el Tratado de París de 1947, Italia renunció a todas sus colonias. En 1949, la Asamblea General de la ONU decidió que Libia se convertiría en un Estado soberano y en 1951 era independiente. Además, por un acuerdo firmado en Ginebra en 1949, la ONU había confiado a Italia, por diez años, la tutela sobre su antigua posesión somalí. Roma ejerció esta tutela entre 1950 y 1960, afrontando la totalidad de los gastos locales y logrando, a fuerza de tenacidad, crear infraestructuras y una agricultura, mientras Somalia no le reportaba nada a Italia. Así, en 1960, la Somalia italiana, al unirse con la antigua Somaliland británica, se convirtió en la República de Somalia. Por lo que respecta a Eritrea, primero formó parte de una federación con Etiopía, que fue constituida con aprobación de la ONU y que duró una década (1952-1962); y finalmente, fue absorbida por Etiopía.

A modo de conclusión, sólo cabe subrayar que las comparaciones destacan aún más la singularidad de los casos británico y francés. Su opción por la descolonización no habría sido una determinación tomada porque no les quedara más remedio, sino un imperativo convertido en una decisión estratégica para seguir creciendo y continuar compitiendo.

CAPÍTULO 3. LAS DESCOLONIZACIONES DE ESPAÑA EN ÁFRICA

José Luis Rodríguez Jiménez
Profesor de Historia Contemporánea
Universidad Rey Juan Carlos

ANTECEDENTES

España ha sido uno de los grandes imperios de la historia universal, no el de más larga duración, pero sí el más extenso, con posesiones en los cinco continentes al mismo tiempo; la colonización española alcanzó su mayor extensión en el siglo XVII, cuando incluía las Islas Carolinas y las Islas Marianas, en la parte septentrional de Micronesia, en Oceanía.

Durante tres siglos, el Estado español dominó y administró muy extensos y muy distintos tipos de territorios y de poblaciones. Como siempre acontece a lo largo de la historia, tras las fases de expansión y de esplendor comenzó un lento declive. Entonces, paulatinamente, la Monarquía Hispánica fue perdiendo territorios en beneficio de otros Imperios, de otros Estados y también de la nobleza y de la burguesía local que juntaron fuerzas para financiar ejércitos para una guerra contra España que les conduciría a fundar una nueva nación. Tras perder territorios en Europa, América del norte y el norte de África durante la Edad Moderna, en un breve espacio de tiempo, en menos de dos décadas del primer tercio del siglo XIX, España perdió la parte principal de su Imperio, casi todas sus posesiones en

América, y a finales de ese siglo los restos del imperio americano y las posesiones en Asia y Oceanía.

Todas estas pérdidas fueron el resultado de derrotas militares. Las derrotas españolas se produjeron en ocasiones frente a movimientos independentistas, y entonces la administración española fue sustituida por nuevas naciones. Otras derrotas se produjeron frente a Estados Unidos, y en este caso los territorios pasaron de estar bajo dominio de España a ser dominados por otro poder extranjero o bien surgieron Estados independientes y aliados de la nueva potencia en la zona o Estados asociados a esa potencia.

Mientras tanto, y en relación con lo anterior, el Estado español llegaba tarde y débil al nuevo reparto colonial de Asia y África. En Asia no tenía posibilidad alguna de adquirir territorios y en África eran escasas. Atendiendo a las relaciones internacionales del último cuarto del siglo XIX y al primero del siglo XX, España tendría la opción de colonizar algún territorio africano si existiera proximidad geográfica, si el territorio apetecido no fuera deseado por Gran Bretaña, Francia y Alemania, o si contara con la complicidad e incluso el interés de los gobiernos de Londres y París para que España dominara un territorio concreto.

Fue así como España conservó una parte de la Guinea Ecuatorial, pese a los recortes impuestos por Francia y Alemania a la Guinea recibida por España de Portugal en 1777/1778, mantuvo y aseguró mediante un nuevo tratado (con Francia y el sultán de Marruecos) la posesión del enclave de Ifni (mediante acuerdo impuesto al sultán en 1860 y acuerdo negociado con Francia de 1912) en la costa atlántica del reino de Marruecos y obtuvo un protectorado en Marruecos, sobre dos zonas de ese reino (acuerdos con Francia de 1902-1912), y la colonia del Sahara (declaración española de 1884 y acuerdo con Francia de 1912), en la parte atlántica de ese inmenso desierto.

Los gobiernos españoles de Franco, fueron tardíos descolonizadores. Sin embargo, a diferencia de lo que había sucedido en siglos anteriores, los gobiernos de la dictadura no se empeñaron, como sí hizo Portugal y parcialmente Francia, en recurrir sistemáticamente al empleo de la fuerza militar para tratar de retener el dominio colonial. España descolonizó con muy distintos formatos tres territorios y uno lo abandonó sin descolonizarlo.

LA DESCOLONIZACIÓN DE MARRUECOS

En el caso de Marruecos, la independencia llegó en dos fases. El movimiento nacionalista se enfrentó a Francia en un conflicto armado de baja intensidad y consiguió su objetivo, para lo que contó con el respaldo encubierto del gobierno español. A continuación, España se vio obligada a reconocer la independencia de Marruecos. No hubo coordinación entre Francia y España, ni para intentar conservar el territorio, lo que hubiera sido un sinsentido en pleno proceso de descolonización y tratándose de un territorio en el que existía una forma de Estado antes de la colonización europea, ni a la hora de reconocer su independencia.

El movimiento nacionalista había crecido con rapidez en los años posteriores a la Segunda Guerra Mundial. A partir de 1950 hubo huelgas y manifestaciones en la zona francesa, diversos incidentes armados y, como en Argelia y otros escenarios coloniales, terrorismo de colonos y de nacionalistas. En agosto de 1953, las autoridades francesas detuvieron al sultán Sidi Mohamed, por ser un referente principal y animador de la causa nacionalista, le desposeyeron del trono, lo deportaron a Madagascar y le sustituyeron por un miembro de la familia alauí. Entre tanto, el gobierno español permitió que su zona fuera base de operaciones del denominado Ejército de Liberación, pues creía posible aprovechar los problemas de Francia en sus colonias para incrementar su influencia en Marruecos. Los nacionalistas intensificaron la protesta mediante un movimiento social en la calle y la lucha armada y el gobierno francés la represión, mediante el empleo del ejército. Pero el declive de Francia como potencia mundial y los problemas que le causaba la situación de guerra colonial en Indochina y en Argelia fueron los factores que decidieron al gobierno de París a retirarse de Túnez y de Marruecos. En agosto de 1955, las conversaciones entre el gobierno francés y los nacionalistas marroquíes dieron paso al regreso del sultán depuesto. El sultán llegó a su país el 16 de noviembre de 1955 y el día 22 se formó un nuevo gobierno. El 11 de febrero de 1956, la zona francesa de Marruecos se convirtió en un Estado independiente. Entonces, tras haber apoyado a los nacionalistas, para perjudicar los intereses franceses y ganarse la buena voluntad de los dirigentes nacionalistas, el gobierno de Franco se negó a conceder la independencia y trató de negociar la prolongación del protectorado. Sin éxito. Pues los nacionalistas marroquíes de las dos zonas se unieron para presionar a la administración española. El gobierno de Franco no tuvo más remedio que negociar su salida de allí.

El 7 de abril de 1956, el gobierno español accedió a retirarse de su zona de protectorado, y ofreció la firma de una serie de convenios de cooperación económica, militar y cultural. En un principio, España solo devolvió el protectorado norte (regiones del Rif y Yebala), si bien permanecieron aquí tropas, y funcionarios civiles, además de médicos y profesores, con el doble objetivo de colaborar con el nuevo gobierno y de imponerle una relación estrecha. En junio de 1956, España abandonó la zona internacional de Tánger y en 1958 la región de Tarfaya, la que había pasado a ser Protectorado sur de España en Marruecos en 1912, pese a que esta región no era entonces parte del reino de Marruecos sino la zona norte del Sahara atlántico.

El sultán estaba respaldado por una coalición de nacionalistas, no siempre con los mismos criterios. Un sector nacionalista, el Istiqlal, el Partido de la Independencia, publicó en junio de 1956 su idea de *gran Marruecos*, y en julio el mapa: ampliaba las fronteras del reino hasta el río Senegal por el sur (Sahara español, Mauritania, partes de Argelia y Mali) e incluía también partes de España, como son Ceuta y Melilla; en otras ocasiones, ese partido ha declarado territorio marroquí las Islas Canarias y parte de la Península Ibérica.

En 1957-1958 tuvo lugar la guerra de Ifni-Sahara. Esta guerra enfrentó, en un lado, a un ejército irregular integrado por marroquíes y saharauis, organizado parcialmente y apoyado por el gobierno de Rabat para recuperar Ifni y hacerse con todo el Sahara francés y español, y, en el otro lado, a los ejércitos francés y español, del que formaban parte unidades para las colonias cuyo personal de tropa y suboficiales eran nativos saharauis. La guerra tuvo lugar en el escenario colonial, en Ifni y Sahara, y las tropas francesas y españolas sumaron fuerzas para derrotar a las bandas armadas pro marroquíes.

LA PROVINCIALIZACIÓN DE LAS ÚLTIMAS COLONIAS

Así pues, la descolonización de Marruecos no dio paso a unas buenas relaciones España-Marruecos, sino que la relación entre ambos gobiernos fue tensa. El motivo principal fue el hecho de que la monarquía marroquí hizo suyas, parcialmente, y de forma intermitente, imponiendo este tipo de relación a España, para negociar o negarse a negociar otras cuestiones, como los límites de aguas territoriales, las reivindicaciones del Istiqlal.

Durante los años siguientes, los gobiernos de Franco procuraron impedir, o por lo menos retrasar al máximo, la independencia de sus colonias, Guinea, Ifni y Sahara. Otros países europeos habían pretendido hacer lo mismo, sin éxito, y era lo mismo que hacía Portugal, que no tardó en verse arrastrada a guerras coloniales en distintos escenarios.

Para hacer frente a las reivindicaciones marroquíes, y sobre todo para enmascarar de alguna forma ante Naciones Unidas la posesión de colonias, y ganar tiempo, el gobierno de Franco pasó a denominar provincias españolas a las colonias, imitando así una serie de disposiciones sobre *provincias ultramarinas* de los gobiernos de Francia y Portugal. Mediante decreto, a mediados de 1956 la dirección general de Marruecos y Colonias pasó a denominarse de Plazas y Provincias Africanas. A continuación, el Ministerio de la Presidencia, del que dependía el gobierno de las colonias, declaró que los territorios españoles del golfo de Guinea tomaban la denominación de provincia del Golfo de Guinea. Tras la ecuatorial fue el turno del África Occidental Española (AOE). Un decreto de 10 de enero de 1958 estableció que los territorios del AOE se componían de *dos provincias*, denominadas Ifni y Sahara Español. Y de nuevo de la ecuatorial: mediante ley de 30 de julio de 1959, la provincia del Golfo de Guinea quedó dividida en dos: Río Muni, la parte continental, y Fernando Poo, la parte insular. Las poblaciones nativas no fueron consultadas sobre esta cuestión.

Mientras avanzaba la descolonización de África, era evidente la voluntad de los gobiernos de Portugal y España de conservar las colonias el máximo tiempo posible, por motivos de prestigio, económicos y estratégicos.

No obstante, para mejorar sus relaciones internacionales, ofrecer una mejor imagen en Naciones Unidas, donde España no fue admitida hasta 1955, y pensando en la mejor forma de recuperar Gibraltar, la colonia británica en España, desde comienzos de la década de 1960 el gobierno español declaró su voluntad de devolver el enclave de Ifni a Marruecos y de estudiar fórmulas para la autodeterminación de las provincias de ultramar que no eran sino colonias, Guinea y Sahara. Téngase en cuenta que la cuestión de Gibraltar constituye un tema especial español, que influyó de forma determinante en el proceso de descolonización de España en África, desde luego en la aceleración de la descolonización de Guinea y en la paralización, junto a otros factores, de la del Sahara occidental.

LA DESCOLONIZACIÓN DE GUINEA ECUATORIAL

Por lo que se refiere a Guinea Ecuatorial, su población accedió a la independencia en una fase muy avanzada de la descolonización de África. Fue así como consecuencia de la debilidad de las fuerzas nacionalistas y de la escasa presión de Naciones Unidas a España en esta cuestión. Aunque la Asamblea General recordó todos los años a España que administraba territorios pendientes de descolonización, la diferente actitud del gobierno de Madrid, respecto al de Lisboa, reconociendo que estaba en posesión de territorios no autónomos y que su intención era proceder a su autodeterminación, y el hecho de que fuera concretando el procedimiento, y, asimismo, la inexistencia de un conflicto armado en la Guinea española, son factores que permitieron al gobierno de Franco perfilar bien el proceso de descolonización, presentándolo como ejemplar, para que contrastara con la actitud británica respecto a Gibraltar.

En este caso, la independencia fue el resultado de un proceso pacífico y evolutivo, que imitaba el modelo establecido por las metrópolis europeas durante los años previos para una parte de sus colonias en Asia y África: en 1964 se estableció un gobierno autónomo, aunque integrado por guineanos fieles a España y con las principales competencias en manos de la metrópoli, a través del gobernador general; durante 1967-1968 tuvo lugar una Conferencia Constitucional, en dos fases, durante las cuales dos delegaciones, una española y la otra guineana, compuesta por cargos en la administración colonial y representantes de los partidos políticos, aunque fueran no legales y el gobierno de Franco no aceptase la democracia política para los españoles, prepararon la independencia siguiendo el modelo de conferencias constitucionales bilaterales entre pueblos colonizados y potencias administradoras. A mediados de 1968, los negociadores españoles y los guineanos afines aprobaron la Constitución de la futura república. A continuación, el 11 de agosto 1968 se celebró un referéndum en Guinea sobre esa constitución; en septiembre se celebraron las elecciones para la Asamblea y la Presidencia de la República; y el 12 de octubre tuvo lugar el acto de independencia y de traspaso de poderes.

La independencia de Guinea fue la mejor preparada, pero a España le salió mal y a Guinea peor. Pues el vencedor en las elecciones presidenciales fue Francisco Macías, y no uno de los otros tres candidatos a la presidencia, los tres apoyados por España de forma desordenada, por el choque entre los Ministerios de la Presidencia y de Asuntos Exteriores, y Macías no tardó en iniciar una política antiespañola y en establecer un régimen dictatorial. Tras el deterioro de las relaciones en el otoño de 1968, en marzo de 1969 se llegó a una situación de casi ruptura de relaciones. Los acuerdos hispano-guineanos establecidos a continuación de cooperación económica, técnica y cultural tuvieron escasa entidad. La presencia de España en el Golfo de Guinea quedó muy deteriorada precisamente en el momento en que compañías españolas participaban en prospecciones para la localización de pozos de petróleo. Para entonces, empresas francesas del sector energético ya estaban bien asentadas en Gabón y otros países próximos, y no tardarían en penetrar en Guinea, al igual que las norteamericanas.

LA RETROCESIÓN DE IFNI Y LAS RELACIONES CON MARRUECOS

Por lo que se refiere a Ifni, la retrocesión fue consecuencia de la petición de descolonización por parte de Marruecos a España en reuniones bilaterales, en Naciones Unidas y en foros africanos, y de una larga negociación entre gobiernos en las que se trataron varias cuestiones. España pidió y obtuvo un acuerdo de pesca en aguas marroquíes muy ventajoso. El tratado de Fez para la retrocesión de Ifni se firmó el 4 enero de 1969.

Marruecos no respetó el acuerdo de pesca firmado: extendió sus aguas jurisdiccionales y procedió al apresamiento de barcos que faenaban en aguas internacionales y que Marruecos declaró suyas. Además, la operación consistente en descolonizar Guinea e Ifni a cambio de recuperar Gibraltar no dio el resultado apetecido. Pues Gran Bretaña no acató las resoluciones de Naciones Unidas sobre Gibraltar, que establecieron el derecho de España a recuperar su integridad territorial.

A esto hay que añadir que el rey de Marruecos, Hassán II, pronto reclamó como marroquíes territorios que eran parte de España antes de la existencia de Marruecos, como son Ceuta y Melilla, y la colonia española del Sahara. El mal resultado obtenido con la descolonización de Guinea y la no recuperación de Gibraltar figuran entre los factores explicativos de la caída del ministro Castiella, en 1969, situación que marca el inicio de una falta de continuidad en la cartera de Exteriores, en la que sucederán en menos de cinco años tres ministros: Gregorio López Bravo, Laureano López Rodó y Pedro Cortina Mauri.

LA NO DESCOLONIZACIÓN DEL SAHARA OCCIDENTAL ESPAÑOL

El caso del Sahara Español rompe la tendencia descolonizadora de España en África, por dos motivos. El primero, este territorio no fue descolonizado. El segundo, se trata del caso de colonia española en el que más intereses internacionales se hicieron presentes.

Como decíamos, a diferencia de los casos de Marruecos, Ifni y Guinea Ecuatorial, el Sahara español no fue descolonizado. Esto no significa que una parte de la administración española no tuviera el propósito proceder a la autodeterminación de los habitantes del Sahara occidental a largo plazo. Al contrario, esa fue la idea dominante, si bien no la única propuesta sobre la mesa, hasta mediados de 1975. Lo que sucede es que nunca hubo un plan en el que estuvieran de acuerdo las distintas autoridades competentes en la materia, que eran políticas y militares, algunas a la vez políticas y militares, de forma que hubo muchos borradores de proyectos sobre cómo abordar y cómo iniciar el proceso de autodeterminación, y ninguno llegó a ejecutarse. Lo más que hubo fueron proyectos y un inicio, dubitativo y pronto paralizado, como veremos.

Recordemos que el territorio del Sahara fue colonizado en fecha muy tardía en relación con el proceso de colonización de África. Sucedió así por dos motivos. El primero, porque antes de la Guerra Civil española, los grupos empresariales y financieros españoles y de capital mixto se interesaron mucho más por las riquezas de Marruecos y, en menor medida, por las de Guinea Ecuatorial que por las minas que pudieran encontrarse en el desierto del Sahara. El segundo, por la debilidad de la economía española en las décadas de 1940 y 1950.

También es de fecha tardía la aceptación de España en la Asamblea General de las Naciones Unidas de proceder a la autodeterminación de la población saharaui. Aceptación verbal que no dio paso a un proceso que, como en Guinea, condujera paulatinamente a la independencia. Además, si nos fijamos en lo que estaba sucediendo en la colonia, queda en evidencia que la voluntad del gobierno de Franco era la de prolongar la situación colonial el máximo tiempo posible. De hecho, el ministerio al que pertenecía la dirección general de Promoción del Sahara, que era el de Presidencia, en manos del almirante Carrero Blanco, vicepresidente del Gobierno en 1967, presidente del Gobierno en 1973 y desde mucho antes mano derecha de Franco, tenía como plan principal para la colonia el de dejar pasar el tiempo y, si acaso, iniciar el diseño de un Estado saharaui asociado a España.

Solo tomando en consideración ese propósito de prolongar la situación colonial el máximo tiempo posible se explica que cuando mejoró la situación de la economía española, en la década de 1960, aumentase la inversión pública y privada, sobre todo la pública, en la colonia. En efecto, en la década de 1960, el gobierno español aumentó la inversión en infraestructuras, en instalaciones militares, en sanidad y en educación, para atender más y mejor tanto a los colonos como a la población nativa, y también en las instalaciones mineras. El cambio económico dio lugar a una rápida sustitución de las formas de vida nómadas por un proceso de urbanización. El aumento de las inversiones se explica por motivos de prestigio internacional, por la existencia de un banco pesquero, por el sueño de descubrir yacimientos petrolíferos, ya que había gas y petróleo en algunos países vecinos, y por el descubrimiento de una mina de fosfatos, importante por su cantidad y calidad, a cien kilómetros de la capital del territorio, El Aaiún.

Tanto la debilidad del nacionalismo saharaui, de menos relieve que el guineano, como la moderada presión de la ONU para la descolonización facilitaron la continuidad del gobierno colonial. Aquí no hubo gobierno autónomo. En 1967, el gobierno español creó la Yemáa, la asamblea general del Sahara, una asamblea integrada por jefes de tribus saharauis, los más agradecidos a las dádivas de la administración española, que solo tenía competencias de consulta y de iniciativa legislativa, siempre supeditada al gobernador general.

No fue hasta 1969-1973 cuando ganó terreno de forma apreciable el nacionalismo saharaui. Ese último año nació el Frente Polisario, que recibió el apoyo de tres gobiernos, de Argelia, el más relevante, de Libia y de Mauritania. Al tiempo que el Frente Polisario reclamaba la independencia, estrechaba lazos con el gobierno argelino y pasaba a la lucha armada contra España mediante una guerra de guerrillas y atentados en la capital, Marruecos reclamaba el Sahara occidental en la ONU, la Liga Árabe y la Organización para la Unidad Africana; en palabras del gobierno de Rabat, el Sahara occidental era una parte de Marruecos, arrebatada por España y Francia; pero ahora, tras fracasar el propósito de expandir sus fronteras a costa de ex colonias francesas, Argelia y Mauritania, el gobierno de Rabat centró su atención en el Sahara español.

También en 1973, la Yemáa pidió al gobierno español que diera pasos hacia la autonomía, y en septiembre el gobierno de Carrero-Franco prometió un Estatuto para el Sahara, sin concreción alguna sobre las competencias que ese Estatuto otorgaría a la futura Yemáa o asamblea saharaui, y sin aludir a la constitución de un gobierno autónomo o un gobierno mixto.

En 1974, el gobierno de Arias-Franco impulsó un plan para la colonia, sin tener una idea clara y menos aún una sola idea respaldada por los organismos políticos y militares interesados en la materia. Las comisiones mixtas integradas por personal de los ministerios de la Presidencia, del que dependía la dirección general de Promoción del Sahara, y de Exteriores elaboraron varios proyectos para el futuro del Sahara español. En unos se apostaba por la independencia, en otros por un Estado asociado y en otros por el establecimiento de un gobierno autónomo. Lo único que aprobó el gobierno de Arias-Franco, ya en julio de 1974, fue un Estatuto, que no suponía gobierno autónomo, sino escasas competencias para un gobierno mixto, que continuaría controlado por el gobernador general del Sahara, que era siempre un general de división a las órdenes de dos organismos: de Presidencia del Gobierno, para las cuestiones políticas, y de la Capitanía General de Canarias, para las cuestiones militares.

Sin embargo, este proyecto mínimo para la colonia no llegó a entrar en vigor, pues la presión marroquí, diplomática, política y militar, sobre la frontera norte del Sahara, para mostrar su rechazo a cualquier cambio legal respecto a la colonia, tuvo éxito: Franco no promulgó el Estatuto. Esto no significa que el gobierno español se plegara entonces por completo a la voluntad de Hassán II y los nacionalistas marroquíes, que era que España le entregara el territorio o, por lo menos, llegar a la crisis final del franquismo sin que el gobierno español hubiera modificado el *statu quo* para el Sahara, es decir su condición de colonia.

Lo cierto es que, aunque la clase política, que era político-militar en la dictadura de Franco, y los grupos empresariales y financieros estaban divididos en esta cuestión, el Gobierno mantuvo viva la promesa de autodeterminación del territorio. Ahora anunció lo que durante años se había negado a hacer, contraviniendo las recomendaciones de Naciones Unidas: la convocatoria de un referéndum a la población saharaui, para preguntarle qué futuro político deseaba. Entonces, estamos en el otoño de 1974, la diplomacia marroquí contraatacó. Tuvo éxito, pues, paulatinamente, en la administración española se impusieron los partidarios de negociar con Marruecos a los partidarios de avanzar hacia la independencia o hacia un Estado asociado a España. Marruecos consiguió los apoyos internacionales necesarios para que la Asamblea General de la ONU no tratara el tema Sahara en sus sesiones de septiembre-diciembre de 1974 y que, por el contrario, el tema se convirtiera en una cuestión bilateral hispano-marroquí sobre la que debería dictaminar el Tribunal Internacional de Justicia (TIJ) de la Haya: que decidiera si, a finales del siglo XIX, los jefes tribales saharauis acordaron con las autoridades españolas una relación de dependencia y de protección por España o si, entonces, las poblaciones del Sahara occidental dependían de la autoridad política y religiosa del reino de Marruecos y el complejo mauritano (Mauritania era entonces colonia francesa, parte del Sahara francés); si el TIJ dictaminaba a favor de esta segunda opción, entonces, España debía propiciar su reparto entre Marruecos y Mauritania.

Tomando en consideración el apoyo de los gobiernos de Estados Unidos y Francia a Marruecos, no solo en la cuestión del Sahara, la actitud también favorable a Rabat de varios países árabes y la extraña actitud del gobierno argelino, que no se opuso a la pretensión marroquí, el gobierno de Franco se abstuvo en la votación sobre si el tema debía trasladarse al TIJ o no, con lo que permitió ganar puntos y tiempo a Marruecos. Así pues, a la espera del dictamen del citado Tribunal, la consulta a la población saharaui quedaba suspendida. Evidentemente, la crisis de sucesión franquista favorecía la presión marroquí, al igual que el alineamiento de Estados Unidos y Francia a favor de la incorporación del Sahara a Marruecos. Este alineamiento tenía dos propósitos. El primero, el de consolidar la figura de Hassán II, con graves problemas internos y cada vez más proclive al gobierno de Washington, tras años de acuerdos con la Unión Soviética (URSS). El segundo, el de frenar las aspiraciones en la zona de Argelia, aliada de la URSS. Otro elemento importante que benefició a Marruecos fue el apoyo de Argelia al Frente Polisario, pues esta circunstancia, que se sumaba al apoyo de Argelia al movimiento independentista canario MPAIAC (que cometió varios atentados terroristas en Canarias), a organizaciones de la extrema izquierda española, e incluso a la organización terrorista ETA, fue determinante para que en la clase política y militar del franquismo ganaran terreno los partidarios de, como deseaba la administración norteamericana, entregar el Sahara a Marruecos y que así no naciera un nuevo Estado aliado de Argelia.

Durante los meses finales de 1974 y primeros de 1975, el respaldo de la población saharaui al Frente Polisario no paró de crecer. En cambio, el partido saharaui creado con financiación española, el Partido de Unión Nacional Saharaui, tuvo menos desarrollo, y el líder escogido por la administración española para dirigirlo se pasó a Marruecos. Además, la actuación del gobierno argelino a favor del Frente Polisario fue cada vez más descarada, hasta el punto de permitir que la guerrilla saharaui hiciera prisioneros a varios militares españoles en la colonia, los trasladara a Argelia y los tuviera cautivos durante dos meses en una serie de campamentos.

La clase política española estaba centrada en cuestiones internas, en la crisis de sucesión, pues el deterioro de la salud de Franco, tras una primera grave enfermedad en julio del año anterior, resultaba más que evidente para quienes le visitaron durante estos meses. Era palpable su deterioro físico y el de su capacidad de relación verbal. Por lo tanto, el tema principal para la clase política-militar-económica franquista era la crisis de sucesión de Franco a Juan Carlos I y su supervivencia como grupo dirigente. La cuestión colonial era un tema muy secundario, pese a que el territorio fuera importante por lo que aportaba para la seguridad de las Islas Canarias y en materia económica. La clase política se desentendió cada vez más de la cuestión del Sahara, utilizando como excusa que si se avanzaba hacia la independencia el resultado sería un Estado gobernado por una fuerza política, el Frente Polisario, no amiga de España, y sí de Argelia. Eso mismo decían a los políticos españoles la secretaría de Estado norteamericana, dirigida por Henry Kissinger, y, por supuesto los marroquíes, que añadían que un Sahara marroquí permitiría a España conservar sus intereses en el territorio.

El 15 de octubre de 1975, Franco tuvo un infarto y sonaron todas las alarmas en el franquismo. El día 16 de este mes, el TIJ desautorizó a Marruecos. Sin embargo, ese día su rey, Hassán II, anunció una marcha de civiles sobre el Sahara, que sería conocida como Marcha Verde, e inició un despliegue de unidades militares en la frontera norte del Sahara español y en la frontera con Argelia. Era un gesto político, mucho más que una amenaza militar, dado que Hassán II era consciente de la inferioridad de su ejército, respecto al español, y de que se estaba jugando el trono. Pero era una jugada política decidida cuando llegaba a su culmen la crisis de sucesión del franquismo y cuando ya maduraban las conversaciones entre los políticos marroquíes y españoles para una solución del tema Sahara favorable a Marruecos.

El gobierno de Arias-Juan Carlos de Borbón cedió a la presión, ¿por temor a un conflicto en plena crisis de sucesión? El 14 de noviembre, los gobiernos de España, Marruecos y Mauritania firmaron una declaración de principios sobre el Sahara occidental y tres actas. España se comprometió a retirar con rapidez a los colonos y a las fuerzas militares, a establecer una administración tripartita, de España, Marruecos y Mauritania, y a retirarse de esta administración, para que quedara en manos de solo esos dos países en fecha no posterior a finales de febrero de 1976. El gobierno español adoptó esta decisión sin consultar a la población saharaui.

El gobierno español, transfirió la administración, no la soberanía. En consecuencia, el gobierno español no descolonizó el Sahara occidental. Incumplió la palabra dada en Naciones Unidas y al pueblo saharaui. En términos materiales perdió importantes recursos: pesca, fosfatos, cobre, uranio, otros minerales, incluyendo el petróleo que pudiera existir en la plataforma marítima, donde varias compañías realizaban prospecciones, recursos sobre los que podría haber llegado a acuerdos con un gobierno saharaui.

BALANCE

El Estado español fue un tardío colonizador en África y también un tardío descolonizador. Varias guerras coloniales tuvieron hondas y muy negativas consecuencias para la sociedad española, como fue el caso de los conflictos con los independentistas y con Estados Unidos que derivaron en la pérdida de los restos del imperio español en Asia y América, y de la Guerra de Marruecos de 1907-1927.

Estas guerras tuvieron consecuencias humanas, económicas y también políticas, afectando de forma negativa a la estabilidad del régimen de la Restauración. La clase política franquista tomó nota de esta circunstancia.

Desde la guerra de Ifni-Sahara de 1957-1958, España no se ha visto involucrada en una guerra de carácter colonial. La presión de Marruecos y las provocaciones de las Fuerzas Armadas Reales sobre el Ejército español, en la zona de la frontera norte del Sahara español no derivaron en un conflicto armado directo, por la orden de Madrid a la Capitanía General de Canarias y a su Sector del Sahara de dar una respuesta muy medida a esos actos hostiles. Tampoco hubo guerra abierta Ejército español-Frente Polisario, por los escasos medios militares y humanos de la organización guerrillera saharaui, que recurrió a atentados terroristas, secuestro de militares españoles y ataques nocturnos de muy escasa entidad a los fuertes españoles; fue un conflicto de muy baja intensidad y corto en el tiempo, 1974-primera mitad de 1975. En Guinea, como en cualquier colonia, las autoridades reprimieron el nacionalismo, en consonancia con la escasa militancia de los partidos nacionalistas, pero aquí no hubo guerrilla y menos aún algo parecido a una guerra colonial. Así pues, a partir de 1958 España no se vio afectada por las guerras coloniales en las que se vieron involucrados varios gobiernos europeos, en concreto nuestros vecinos Portugal y Francia.

El proceso de descolonización sirvió a los gobiernos de Franco para mejorar sus relaciones exteriores con el conjunto de los países africanos, con la Organización para la Unidad Africana, la Liga Árabe, América y Europa. Sin embargo, la descolonización no dio paso a una buena relación de España con sus ex colonias. Desde la independencia de Marruecos, las relaciones Madrid-Rabat han atravesado diferentes etapas, hasta la actualidad, y las divergencias siguen siendo notables en cuestiones importantes, lo que no significa ausencia de colaboración en materias que interesan a ambas naciones, como economía y, parcialmente, inmigración y seguridad. A su vez, las relaciones España-Guinea Ecuatorial se deterioraron desde el mismo momento de la independencia, y España ha perdido capacidad de penetración económica en la zona del Golfo de Guinea y asimismo peso cultural. Sahara occidental y Guinea Ecuatorial son dos territorios donde el español, que era lengua oficial, ha perdido terreno, en beneficio del francés. Tampoco se han obtenido contrapartidas a la aceptación del mandato de Naciones Unidas y del curso de la Historia en otra cuestión, la de Gibraltar, de forma que España sigue siendo el único país de la Unión Europea afectada por el colonialismo en su propio suelo. Así pues, el proceso descolonizador español ofrece luces y sombras que merecen una revisión, una comparación de lo hecho en cada una de sus colonias y una comparación con otros procesos de descolonización, como el portugués, francés y británico.

ÁFRICA EN LA ENCRUCIJADA DE LA INFORMACIÓN:ESTUDIO BIBLIOGRÁFICO DEL ÁMBITO GEOGRÁFICO Y ENERGÉTICO

Carlos Oliva Marañón
María Sánchez Hernández
Profesores de Ciencias de la Documentación
Universidad Rey Juan Carlos

I. INTRODUCCIÓN

África, continente con nombre de mujer, y el tercero más extenso del mundo tras Asia y América, ocupa una superficie de 30.221.535 km^2; está integrado por 54 países; lo habitan 1.100.000 millones de personas; y atesora una densidad de población de 33 hab./km^2. En este territorio existen una gran variedad de contrastes tanto desde el punto de vista físico como humano (sabana africana, antiguas civilizaciones, diversidad de lenguas, presencia de tribus, desiertos, escarpadas cordilleras, lagos, climas con altas diferencias de temperatura entre el día y la noche, extensos y caudalosos ríos, metrópolis superpobladas, etc.). Todo ello conforma una amalgama de culturas que, poco a poco, y, a pesar de la multitud de vicisitudes acaecidas, han ido adaptándose a su hábitat correspondiente.

En lo relativo a la economía mundial, la incorporación de África se produjo a finales del siglo XIX, coincidiendo con el establecimiento de las grandes áreas de influencia europea. Desde entonces, se han promulgado numerosas iniciativas para validar las potencialidades económicas del continente africano, con la finalidad de rentabilizar aquellos sectores económicos en connivencia con las premisas reguladoras tanto de la producción como del trabajo. De este modo, la aportación de

África a la economía mundial se considera exigua, aunque ha mejorado durante las últimas décadas, sobre todo, en las transacciones comerciales.

Por lo que respecta a determinados recursos mineros y energéticos, África ocupa un lugar preeminente a nivel mundial en reservas de hierro, bauxita, cobre, cromo, manganeso, cobalto, fosfatos, oro, platino y diamantes. Esta relevancia se ha materializado en la captación de capital extranjero mediante el establecimiento de sociedades mineras, principalmente, europeas y norteamericanas, lo que ha producido la instauración de políticas económicas nacionales. Sin embargo, las perspectivas de dinamización industrial se han visto restringidas, entre otros factores, por la debilidad de las rentas, la estrechez de los mercados nacionales, la precariedad de las infraestructuras de servicios y la falta de cuadros técnicos y de mano de obra cualificada. A pesar de estos inconvenientes, Argelia, Libia y Nigeria son grandes productores en petróleo y gas natural, mientras que Níger, Sudáfrica y Gabón ocupan un lugar preeminente en la producción de uranio (Manero, 1993: 2415).

En contraposición, el aprovechamiento a gran escala de esta considerable riqueza natural no se ha materializado con la instauración de un proceso de industrialización de forma generalizada. Prueba de ello es la marcada potencialidad de la agricultura de plantación y, los espacios donde no está asentada, presentan una carestía en el uso de la tierra, agravada por la aridez, la escasa tecnificación y los reducidos programas de inversión nacionales, lo que supone un menoscabo para la reforma del sector. De ello se infiere la acuciante situación de las agriculturas de subsistencia que, en su intento de establecer una complementariedad entre la agricultura y la ganadería, se ha visto seriamente mediatizada por los factores reseñados, dando lugar, en ocasiones, a problemas de desabastecimiento, agregándose situaciones de hambruna y enfermedades (Manero, 1993: 2416).

Además, en el continente africano, en 1974, un grupo de paleontólogos, encabezado por Donald Johanson, descubrió en Hadar, al noroeste de Etiopía, los restos fósiles de Lucy, una hembra australopiteca de 1,1 metros de altura que habitó en aquel lugar hace ya 3,2 millones de años y que refrenda el origen de la relación entre humanos y primates. Se decidió el nombre de Lucy porque, al ser descubierta, sonaba en la radio *Lucy in the sky with diamonds*, éxito de los Beatles. Este descubrimiento fue el punto de partida para el hallazgo de más de 250 fósiles en la misma región. Desde entonces, África ha pasado por multitud de acontecimientos (la Marcha Verde, la Guerra de Uganda, la Guerra de la República del Congo, la Guerra de Ruanda, la Guerra de Nigeria, la Guerra de Sudán, la Guerra de la República Centroafricana, la Guerra del Chad, la Guerra de Etiopía, la división de Sudán, la Primavera Árabe y la epidemia del ébola), entre otros.

En consecuencia, todos estos sucesos han copado las páginas de los principales rotativos nacionales e internacionales y forman ya parte del patrimonio documental de las hemerotecas digitales, editándose también algunas monografías alusivas a estas realidades que, en algunos casos, son herederas de la memoria histórica de África. Además, con el desarrollo y la consolidación de las Tecnologías de la Información y de la Comunicación (TIC), se ha producido la ruptura de la denominada "brecha digital" en el continente africano. Asimismo, en el ámbito laboral, ha disminuido el "techo de cristal" debido a la incorporación de la mujer africana a puestos de responsabilidad y, también, al aumento de las alumnas matriculadas en las Universidades de África, lo que ha producido un crecimiento de los niveles de alfabetización. Igualmente, los archivos, las bibliotecas y los centros de documentación han ido ampliando sus fondos bibliográficos con la finalidad de prestar servicio a una comunidad de usuarios heterogénea, multilingüe y vinculada a la Sociedad del Conocimiento que, poco a poco, a pesar de los hechos acontecidos, ha sabido sobreponerse y, aunque no con pocas dificultades, mirar hacia el futuro con optimismo.

2. OBJETIVOS

- Verificar la aptitud de estas aplicaciones *online* para recuperar tipologías documentales acerca de África y petróleo e, igualmente, de Países de África.
- Satisfacer las necesidades de información de los usuarios y, por ende, de la comunidad científica.

3. METODOLOGÍA

Se han utilizado distintas aplicaciones documentales (Dialnet, Brain-URJC, Rebiun -Red de Bibliotecas Universitarias Españolas- y la Red de Bibliotecas de Defensa) para localizar documentos concernientes a África y Petróleo y a Países de África. Del mismo modo, se han adaptado las búsquedas a las interfaces de las mencionadas aplicaciones.

4. LAS FUENTES DE INFORMACIÓN

La mayor preocupación que tuvo el mundo de la cultura durante siglos fue un intento por permitir que sus escritos, sus libros y sus documentos perduraran en el tiempo. Era necesario un acopio constante para que las ideas llegaran a los escasos lectores que existían. Entonces se creía que cuanto más se editara, mayores eran las posibilidades para que la ciencia creciera. Sin embargo, los materiales (papel, tinta...) eran limitados y el índice de lectura tan bajo que, con muy pocos libros, la humanidad se alimentó a lo largo de muchos siglos (Marcos Recio, 1999: 13).

La Documentación ya no es una ciencia aislada o, en todo caso, a compás de los dictados de la información. Hoy tiene un valor por sí misma: en primer lugar, como producto informativo tan necesario en los medios de comunicación electrónicos; en segundo lugar, como fuente de información para profesionales, lo que entronca con los aspectos comerciales y monetarios de la documentación; y, en tercer lugar, dentro del mundo de la enseñanza, a la que ha de aportar todos aquellos conceptos que ayuden en el desarrollo de la educación, especialmente, a distancia (Marcos Recio, 1999: 15). Por su parte, José López Yepes, catedrático de Ciencias de la Documentación de la Universidad Complutense de Madrid, define el término 'Documentación' como "una disciplina general que tiene por objeto el estudio de un proceso informativo de naturaleza peculiar en tanto en cuanto se da en él una actividad de recuperación de mensajes informativos emitidos en procesos anteriores" (López Yepes, 2011: 37).

La Ciencia Documental establece cuatro tipologías de documentos a partir de la accesibilidad a los contenidos (Carrizo e Irureta-Goyena, 1994 : 32-38).

- **Documentos primarios.** Contienen información nueva y original que no ha sido sometida a ningún tipo de tratamiento posterior (condensación, selección, interpretación, etc.). Son documentos primarios los libros, las publicaciones en serie (periódicos, revistas y series) y la literatura gris, documentos que no siguen los cauces habituales de difusión o comercialización: actas de congresos, Tesis Doctorales, por ejemplo.
- **Documentos secundarios.** Fruto de las operaciones que componen el análisis documental (descripción bibliográfica, catalogación, indización, y, en ocasiones, también resumen), se obtienen los secundarios: unos listados de referencias de libros, boletines, etc. que permiten el conocimiento de los documentos primarios existentes, a partir de diversos puntos de acceso (autor, título, materia, etc.). Son secundarios, entre otros documentos, los catálogos de bibliotecas, las bibliografías comerciales (libros en venta), las bibliografías especializadas y los índices de las publicaciones periódicas.
- **Documentos terciarios.** Listados de referencias de documentos secundarios. Por ejemplo, las guías de bases de datos.
- **Obras de consulta.** Estas fuentes presentan una doble particularidad: no son documentos primarios, ya que no contienen información nueva original, sino recopilada por diversos procedimientos (condensación, trabajo de campo, etc.), a partir de multitud de fuentes que ya existen; tampoco son secundarios, porque, en lugar de suministrar referencias, proporcionan la información que se busca. En ellas, no obstante, interviene el análisis documental, en cuanto

que sus contenidos se estructuran, organizan y analizan de tal forma que se pueda acceder con rapidez y eficacia a la información solicitada. Entre las obras de consulta, destacan: los diccionarios, las enciclopedias, los diccionarios geográficos, los directorios, etc.

Por lo que respecta al acceso a la información de los usuarios de Internet, se pueden establecer tres premisas (Sebastià, 1999: 263):

- **Internet ofrece al usuario un acceso directo a la información.** En una situación óptima, el usuario puede acceder por sí mismo a los recursos de información que defina en su búsqueda. El inconveniente consiste en la desaparición de los intermediarios físicos (profesionales) y que el usuario está solo ante toda la información disponible y las interfaces creadas para la gestión de la recuperación.
- **Internet facilita el acceso inmediato a una gran cantidad de información y de documentación con una cobertura geográfica internacional.** Por lo tanto, el usuario percibe Internet como un gran sistema de información frente a la limitación de los sistemas de información tradicionales. La desventaja radica en que el usuario puede perderse entre el volumen inmenso de información.

El usuario de Internet se convierte en el responsable de su búsqueda informativa y de todos los procesos de obtención de la información. De esta forma, el usuario pasa de ser un usuario final de la información a un usuario profesional, porque establece una conducta dependiente no solo de la información, sino también de los métodos y técnicas de acceso a ella.

Los usuarios (docentes, discentes, investigadores, profesionales y, por ende, cualquier ciudadano) siempre tienen que satisfacer sus necesidades de información sin restricciones de espacio ni de tiempo. En primer lugar, es primordial saber documentarse y, lo más importante, conocer cuáles son las Fuentes de Información pertinentes para extraer información fiable con la finalidad de que se vean satisfechas esas demandas de información. Es en nuestros días cuando empieza a aceptarse un término único aplicado a este tipo de resultados. En este sentido, las 'Fuentes de Información' complementan y amplían el concepto tradicional de 'Bibliografía' (Ayuso, 1999: 207).

Igualmente, hasta el momento, las denominaciones han fluctuado. El término 'Fuentes' se ha definido en algunos manuales, pero independientemente del segundo término y referido, básicamente, a todas aquellas obras que constituyen la colección de referencia de una biblioteca. La utilización del uso conjunto de los dos vocablos que ahora son objeto de estudio, se trata en el manual de Josefa Emilia Sabor, primero sobre el tema en español que, ya en su primera edición (1957), utiliza el término

'Fuentes de Información' para titular la obra. La autora se refiere a las fuentes que son las principales herramientas del trabajo del referencista y, además, advierte de la escasa bibliografía existente sobre el tema de la Teoría de la Referencia (TR).

En relación con las Fuentes de Información, las aplicaciones documentales que satisfacen las necesidades de información de los usuarios se utilizan en 3 Unidades de Información:

1. **La Biblioteca.** Unidad de Información que alberga una colección de libros organizada para su uso. Esto implica la adquisición y el mantenimiento del fondo, la organización y la disponibilidad de uso.
2. **El archivo.** Conjunto de documentos que produce una persona o Institución en el curso de su actividad.
3. **El Centro de Documentación.** Estos Centros albergan documentos secundarios, es decir, aquellos que surgen como resultado de las operaciones que componen el análisis documental. Por tanto, ofrecen información formal y de contenido sobre los documentos originales.

Además, se han realizado diversos estudios acerca de la importancia de los catálogos en línea como instrumentos fundamentales para analizar el papel que ejercen las bibliotecas en la conservación del patrimonio bibliográfico a cargo de Orera Orera (2007: 9-23) y Fuentes Romero (2003: 213-246); el impacto tecnológico en el quehacer bibliotecario y la importancia de las bibliotecas digitales (Moscoso y Ortiz-Repiso, 2002: 115-127); así como la evaluación de un sistema de ayuda al usuario de un catálogo en línea de acceso público por García y Moscoso Castro (2007: 187-199).

5. BÚSQUEDAS EN APLICACIONES DOCUMENTALES

5.1. Dialnet

» ***http://dialnet.unirioja.es/***

Es uno de los mayores portales bibliográficos del mundo, cuyo principal cometido es dar mayor visibilidad a la literatura científica hispana. Se centra, fundamentalmente, en los ámbitos de las Ciencias Humanas, Sociales y Jurídicas. Dialnet se constituye como una herramienta básica para la búsqueda de información de calidad.

En la búsqueda realizada, utilizando las palabras clave que identifican este estudio, se obtienen los siguientes resultados:

Dialnet
Buscar
Revistas
Tesis
Congresos
Registrarse
Buscar documentos
África y petróleo
Buscar
Filtros
57 documentos encontrados
Página 1 de 3
20
Orden: Relevancia
Tipo de documento
Artículo de revista (51)
Artículo de libro (4)
Libro (1)
Tesis (1)
Evolución del mercado del petróleo en el primer trimestre de 2009 y previsiones a corto plazo
Pedro Antonio Merino García, Rodnan Karim García Ramírez
Boletín económico de ICE, Información Comercial Española, ISSN 0214-8307, Nº 2966, 2009 (Ejemplar dedicado a: La empresa española en África subsahariana. Evolución del mercado del petróleo), págs. 15-26
Resumen
Texto completo
Petroleo en África
Nick Kotch
National geographic, ISSN 1138-1434, Vol. 17, Nº. 3, 2005, págs. 50-65

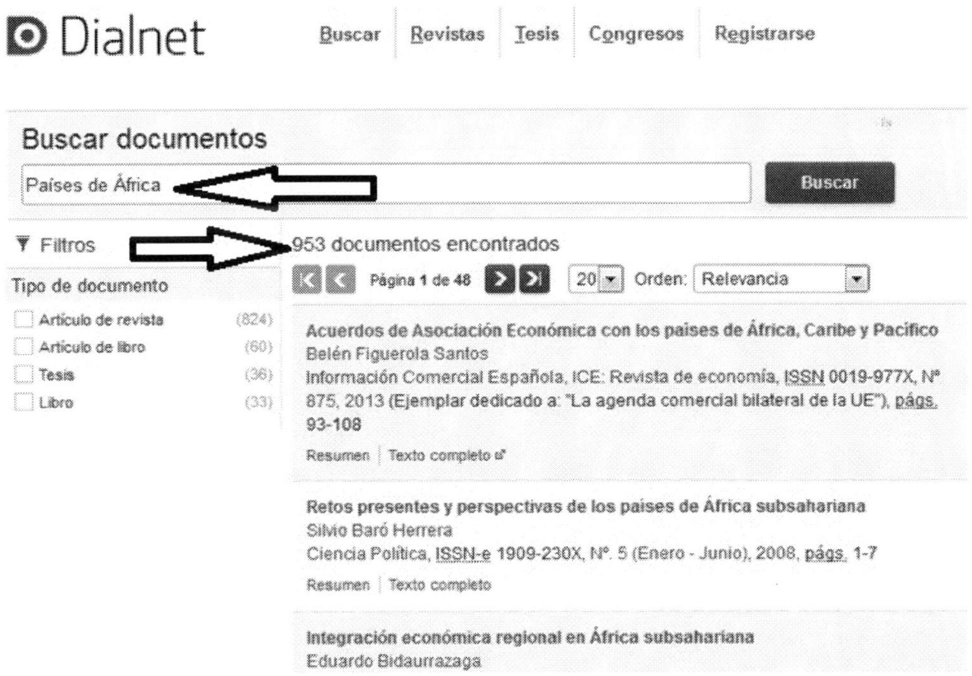
Dialnet
Buscar
Revistas
Tesis
Congresos
Registrarse
Buscar documentos
Países de África
Buscar
Filtros
953 documentos encontrados
Página 1 de 48
20
Orden: Relevancia
Tipo de documento
Artículo de revista (824)
Artículo de libro (60)
Tesis (36)
Libro (33)
Acuerdos de Asociación Económica con los países de África, Caribe y Pacífico
Belén Figuerola Santos
Información Comercial Española, ICE: Revista de economía, ISSN 0019-977X, Nº 875, 2013 (Ejemplar dedicado a: "La agenda comercial bilateral de la UE"), págs. 93-108
Resumen
Texto completo
Retos presentes y perspectivas de los países de África subsahariana
Silvio Baró Herrera
Ciencia Política, ISSN-e 1909-230X, Nº. 5 (Enero - Junio), 2008, págs. 1-7
Resumen
Texto completo
Integración económica regional en África subsahariana
Eduardo Bidaurrazaga

5.2. REBIUN (Red de Bibliotecas Universitarias Españolas)

» ***http://www.rebiun.org/catalogoColectivo/Paginas/default.aspx***

La Red de Bibliotecas Universitarias Españolas (REBIUN), desde 1998, es una comisión sectorial de la Conferencia de Rectores de las Universidades Españolas (CRUE). Constituye un organismo estable en el que están representadas todas las Bibliotecas universitarias y científicas españolas (76 Universidades miembros de la CRUE (50 de ámbito universitario público y 26 de ámbito universitario privado) junto con el CSIC (Consejo Superior de Investigaciones Científicas).

Utilizando las palabras clave "África" y "Petróleo" se consiguen 64 resultados, tal como se muestra en la siguiente ilustración:

Bajo la palabra clave "Países de África", se han logrado 4.939 resultados:

5.3. BRAIN

» ***http://urjc.summon.serialssolutions.com/#!/***

Acrónimo de Búsqueda de Recursos para el Aprendizaje y la Investigación. Reúne, en una única plataforma, las colecciones electrónicas de libros y revistas y los recursos locales propios, entre ellos, el catálogo automatizado y el archivo abierto institucional. También, las bases de datos categorizadas como *recomendaciones*, además de colecciones ajenas a la Biblioteca. BRAIN ahorra tiempo al investigador en su búsqueda de información. Realiza estas consultas en las colecciones propias y le garantiza un alto porcentaje de obtención del texto completo de los documentos de su interés.

BRAIN presenta una apariencia similar a otros buscadores, ya que el investigador comprueba que, una parte razonable de la documentación que resulta pertinente, se encuentra en colecciones propias.

Las ventajas de esta aplicación documental se resumen en:

- Realiza las búsquedas en un tiempo mínimo.
- Incrementa la utilización de los recursos electrónicos adquiridos y rentabiliza las inversiones de la Biblioteca en este sentido.
- Aumenta la visibilidad de todos estos recursos en la comunidad universitaria, ya que les facilita un punto unificado de búsqueda.
- Ahorra tiempo al investigador en su búsqueda de información. El investigador solo tiene que conocer la utilización de una plataforma, y no buscar en varias, con diferentes apariencias y funcionalidades.
- Posibilidad de limitar las búsquedas, añadiendo nuevos términos o por medio de filtros.
- Autocompletado semántico.
- Ofrece la búsqueda avanzada.
- Posibilidad de guardar los resultados obtenidos para futuras revisiones. Pueden añadirse las búsquedas a RSS.
- Opción de exportar citas a gestores bibliográficos.

En definitiva, BRAIN es una inversión recomendable para la biblioteca universitaria y ayuda a mejorar la relación coste/utilización de los recursos electrónicos por ella adquiridos. Los resultados obtenidos en esta herramienta documental son los siguientes:

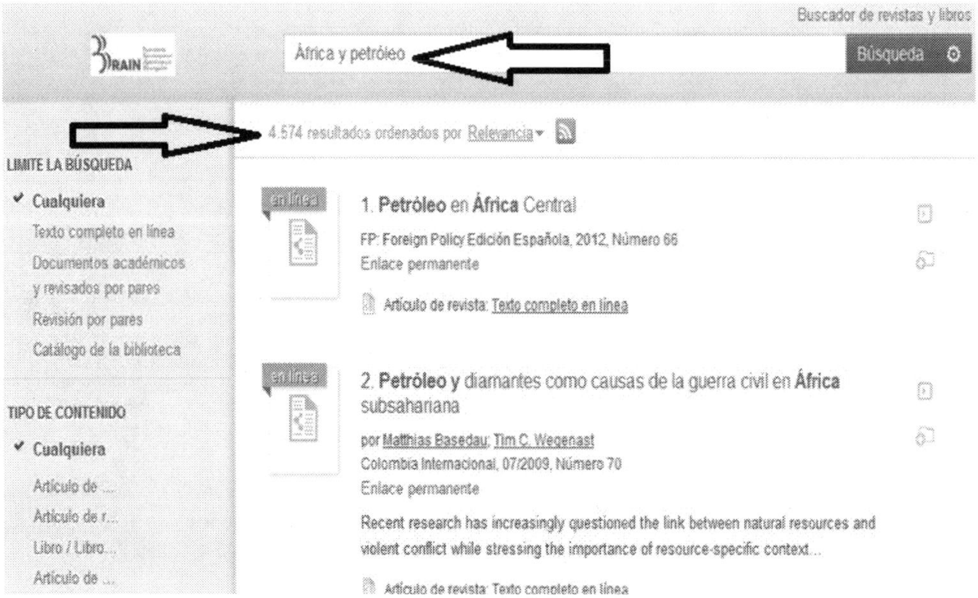

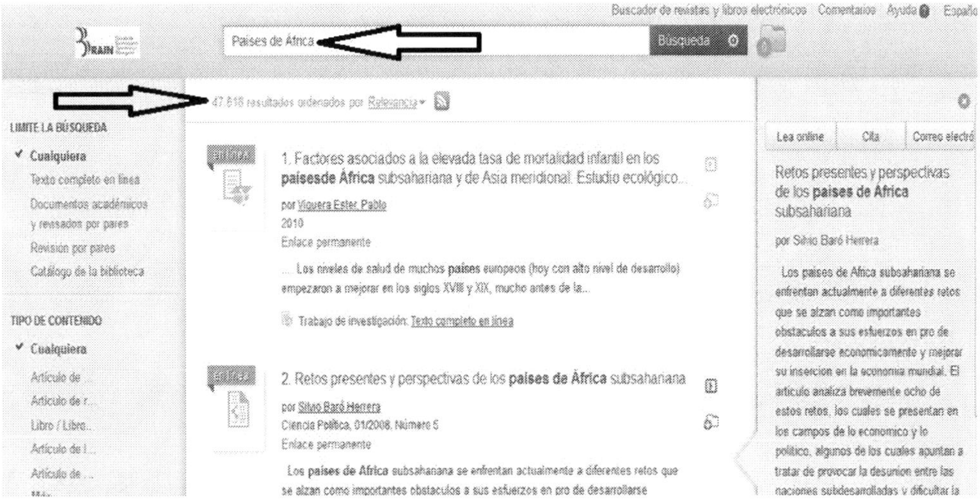

5.4. Red de bibliotecas del Ministerio de Defensa

» ***http://www.portalcultura.mde.es/cultural/bibliotecas/***

La Red de Bibliotecas de Defensa (RBD), creada en el año 2008, reúne a todos los centros bibliotecarios del Ministerio de Defensa y sus organismos autónomos con la finalidad de conservar y difundir el patrimonio bibliográfico del Departamento, así como mejorar e incrementar la calidad de los servicios bibliotecarios mediante la coordinación y la cooperación.

La Secretaría General Técnica del Ministerio de Defensa ejerce la dirección y la gestión de la RBD desde la Subdirección General de Publicaciones y Patrimonio Cultural quien, a través de la Unidad de Coordinación Bibliotecaria, coordina y desarrolla los servicios bibliotecarios de la RBD para poder aprovechar al máximo los recursos humanos, técnicos y económicos disponibles. Las Bibliotecas de Defensa se conciben como bibliotecas de carácter restringido y de investigación con colecciones bibliográficas muy especializadas que prestan diferentes servicios a los usuarios debidamente acreditados, tanto internos (con vinculación a los centros, órganos y unidades del Ministerio de Defensa) como externos a la Institución.

Los Centros de Documentación del Ministerio de Defensa son bibliotecas de apoyo informativo y documental. Su objetivo primordial es el de facilitar el acceso a la información y documentación precisas para la toma de decisiones y el mejor desempeño de las funciones del Departamento, la formación continua del personal de las Fuerzas Armadas y la especialización de los cuadros de mando. También, funcionan como Unidades de Información accesibles al público en general, especialmente, a profesionales e investigadores, en algunos casos, previa acreditación.

Según el Reglamento de Bibliotecas de Defensa, aprobado por Orden Ministerial DEF/92/2008, de 23 de enero de 2008, los centros bibliotecarios de la Red de Bibliotecas de Defensa (RBD) se constituyen en subredes orgánicas integradas en la estructura de su Ejército respectivo o del Órgano Central y de los organismos autónomos adscritos al Ministerio de Defensa. Además, cada centro bibliotecario formará parte de una de las subredes funcionales establecidas en el citado reglamento, las cuales tienen como fin primordial establecer criterios comunes de organización y funcionamiento.

A continuación, se muestran los resultados de las búsquedas con esta aplicación documental, manteniendo las mismas palabras clave que en las anteriores:

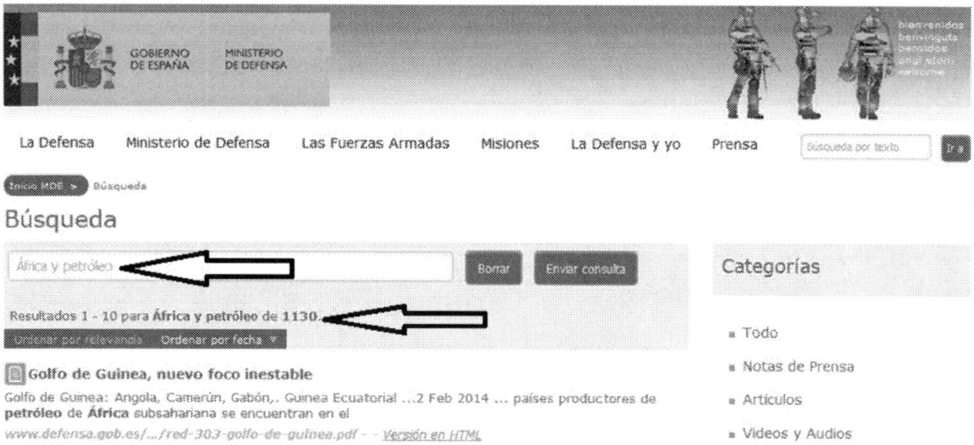

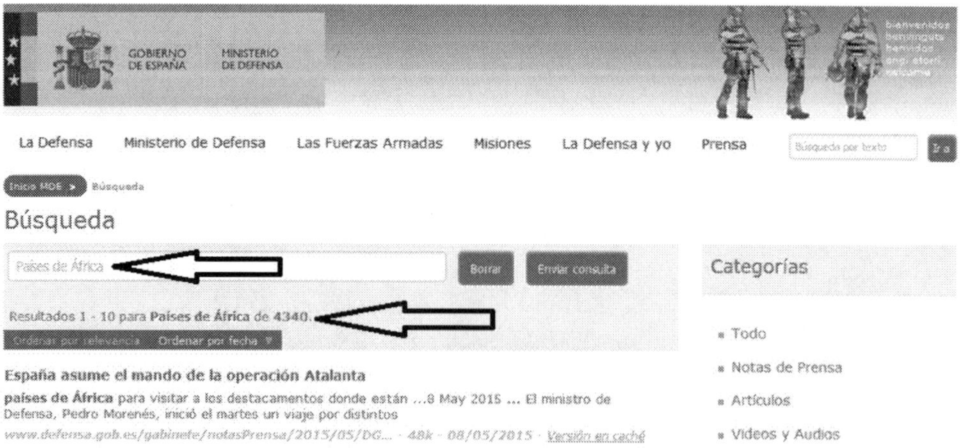

6. COMPARATIVA DE LOS RESULTADOS

Palabra clave: África y Petróleo

Aplicación	Resultados
Dialnet (Universidad de La Rioja)	57
Rebiun (Red de Bibliotecas Universitarias Españolas)	64
Brain (Universidad Rey Juan Carlos)	5.574
Red de Bibliotecas de Defensa	1.130

Palabra clave: Países de África

Aplicación	Resultados
Dialnet (Universidad de La Rioja)	953
Rebiun (Red de Bibliotecas Universitarias Españolas)	4.939
Brain (Universidad Rey Juan Carlos)	47.618
Red de Bibliotecas de Defensa	4.340

Se han constatado 6.825 registros documentales con la palabra clave "África y Petróleo" y 57.850 con la palabra clave "Países de África", lo que evidencia una gran producción documental.

CONCLUSIONES

La Era Digital aporta la solución a muchos problemas en la clasificación y organización de las Fuentes de Información, proporcionando sistemas fiables y eficaces de almacenamiento y recuperación de los documentos originales. Las Tecnologías de la Información y de la Comunicación (TIC) han significado un cambio determinante a través del acceso inmediato a bases de datos que brindan la posibilidad de consultar múltiples monografías, artículos de revistas, actas de congresos, etc., con lo que se satisfacen las demandas de información.

En la sociedad digital del siglo XXI, investigadores y docentes tienen a su disposición diversas herramientas documentales: Catálogos, Catálogos Colectivos, Bases de Datos, Bases de Datos de Sumarios de Revistas, Bases de Datos de Monografías, Repositorios Documentales, etc. La biblioteca digital se ha consolidado con la finalidad de satisfacer las competencias informacionales de los usuarios. Igualmente, ha contribuido también a ello la aparición de los Centros de Recursos para el Aprendizaje y la Investigación (CRAI), fomentando la interactividad entre usuario y aplicación documental. Además, hay que reseñar la heterogeneidad de las interfaces de las herramientas documentales. En definitiva, a raíz de la utilización de estas aplicaciones documentales, los usuarios interesados en recabar información acerca de África, sus recursos energéticos y características geográficas verán satisfechas sus demandas de información, lo que redundará en beneficio de todas las áreas de conocimiento y, por ende, de la sociedad.

BIBLIOGRAFÍA

- AYUSO GARCÍA, M.ª D. (1999). Revisión interdisciplinar de Bibliografía y Fuentes de Información en los umbrales del siglo XXI. Nuevas perspectivas: los recursos de información. *Revista General de Información y Documentación*, vol. 9 (1), pp. 203-215.
- CARRIZO, G., IRURETA-GOYENA, P. y LÓPEZ DE QUINTANA, E. (1994). *Manual de fuentes de información*. Madrid: CEGAL, pp. 32-38.
- GARCÍA, F., y MOSCOSO, P. (2007). El sistema de ayuda al usuario de un catálogo en línea de acceso público: delimitación teórica y propuesta práctica. *Documentación de las Ciencias de la Información*, vol. 30, pp. 187-199.
- LÓPEZ YEPES, J. (2011). *La sociedad de la documentación*. Madrid: Fragua, p. 37.
- MANERO, F. (1993). La crisis de un continente sumido en el subdesarrollo. En PORTILLO, L. *Geografía Universal. Descubra el Mundo. África*. Bilbao: Durvan, pp. 2415-2416.
- MARCOS RECIO, J. C. (1999). Desarrollo de aplicaciones documentales: ¿para qué sirve la información en una sociedad global? *Documentación de las Ciencias de la Información*, vol. 22, pp. 13-25.
- MOSCOSO, P., y ORTIZ-REPISO, V. (2002). El impacto tecnológico en el quehacer bibliotecario: hacia un nuevo modelo de biblioteca. La biblioteca digital. *Documentación de las Ciencias de la Información*, vol. 25, pp. 115-127.

- ORERA ORERA, L. (2007). El control y acceso al patrimonio bibliográfico a través de los catálogos disponibles en Internet. *Documentación de las Ciencias de la Información*, vol. 30, pp. 9-23.
- SABOR, J. E. (1957). *Manual de Fuentes de Información. Obras de referencia: Enciclopedias, Diccionarios Bibliografías, Biografías, etc.* Buenos Aires: Kapelusz. 335 p.
- SEBASTIÀ, M. (1999). Reflexiones en torno al software de gestión y el acceso a la información: aspectos fundamentales de la Teoría de la Recuperación de la Información en Internet. *Congreso ISKO-ESPAÑA: La representación y la organización del conocimiento en sus distintas perspectivas IV*. Granada: Universidad de Granada.

Webgrafía:

- Brain, 2016 [Consulta 2-1-2016]. Disponible en: http://urjc.summon.serialssolutions.com/#!/
- Consorcio Madroño [Consulta 2-1-2016]. Disponible en:
- www.consorciomadrono.es/noticias_eventos/2012/.../BRAIN.ppt
- Dialnet, 2016 [Consulta 10-1-2016]. Disponible en: http://dialnet.unirioja.es/
- Rebiun (Red de Bibliotecas Universitarias Españolas) 2016 [Consulta 9-1-2016]. Disponible en: http://www.rebiun.org/catalogoColectivo/Paginas/default.aspx
- Red de Bibliotecas del Ministerio de Defensa, 2016. [Consulta 13-1-2016]. Disponible en: http://www.portalcultura.mde.es/cultural/bibliotecas/

CHINA EN ÁFRICA: PETRÓLEO Y MUCHO MÁS.

Raúl Ramírez Ruiz
Profesor de Historia Contemporánea,
Universidad Rey Juan Carlos

Pablo A. Rodríguez
Investigador Doctoral del Department of Politics
and International Studies. University of Warwick, Coventry

INTRODUCCIÓN

El ascenso de China en la escena internacional ha sido un proceso histórico con consecuencias globales a nivel político, económico y social. Uno de sus efectos más destacados, muy visible en la primera década del siglo XXI, ha sido la intervención de China en África como socio comercial y aliado estratégico. Con la sociedad internacional todavía asumiendo la irrupción de la nueva superpotencia asiática, los lazos tendidos por Pekín al mundo en desarrollo – África, Latinoamérica, Oriente Medio y sur de Asia- han despertado la desconfianza y situado a la defensiva a potencias occidentales que tradicionalmente habían mantenido una hegemonía, durante siglos de índole colonial, en estas partes del mundo.

El posicionamiento de China en la primera línea del ámbito internacional tiene su origen en políticas de reforma y apertura auspiciadas por Deng Xiaoping. Su abandono de la ortodoxia maoísta y su pragmática apuesta por *un socialismo con características chinas* figuran en la historia como artífices del *milagro chino*. Deng resumió su hoja de ruta afirmando que China debía "observar con calma y afrontar los problemas con tranquilidad, asegurar su posición, ocultar sus capacidades y esperar el momento oportuno; mantener un perfil bajo y nunca reclamar el liderazgo". Desde esta perspectiva estratégica, Deng puntualizó que la nueva política exterior china debía hacerse "sobre la base de la igualdad y ventajas mutuas" (Palacios y Ramírez, 20011, pp. 337-341).

En una primera etapa de este giro, China necesitaba acceder a tres elementos cruciales para su desarrollo: los mercados internacionales, el capital extranjero y las nuevas tecnologías. El aperturismo chino se fundamentó en esta búsqueda. Para aumentar los recursos del estado, China se centró en expandir el comercio exterior, gestando así la denominada 'fábrica del mundo', así como en atraer la inversión y crédito desde el exterior. Superada esta fase, y en pleno desarrollo industrial y económico, China necesitaba un nuevo elemento en su plan de crecimiento: las materias primas necesarias para abastecer su industria. Fue entonces cuando China 'encontró' a África.

En su primera gira por el extranjero como presidente chino en marzo de 2013, Xi Jinping combinó su tradicional visita a Moscú -destino inaugural en los mismos viajes de Mao Zedong (1949), Liu Shaoqi (1960) y su predecesor, Hu Jintao (2003)- con la visita a varios Estados africanos: Tanzania, Sudáfrica y la República Democrática del Congo. La gira africana eclipsó a la visita a Rusia. Calificada como evento *histórico* en los medios estatales chinos, Xi describió al continente africano como un "amigo eterno" de China (Xinhua, 2013), un estatus hasta entonces reservado a Pakistán, socio estratégico de Pekín en el sur de Asia y el mundo islámico. Esta relación especial nada tiene que ver con el proselitismo revolucionario de época maoísta. La importancia otorgada por Xi al continente africano responde a un interés estratégico y económico, escasamente ideológico, pues si por algo se caracteriza este nuevo enfoque es por no preguntar por la identidad política del estado interlocutor. Un pragmatismo necesario si se trata de asegurar el abastecimiento de materias primas y fuentes de energía, así como la creación de una esfera de apoyo diplomático en el escenario internacional.

En este vis-a-vis, China parece querer liderar el camino futuro de África, a la que ofrece una alternativa al modelo de desarrollo occidental bajo el paradigma de no interferencia en los asuntos internos de cada país. En palabras de Xi durante la gira antes mencionada: "si los zapatos le aprietan o no, sólo el usuario lo sabe" (Xinhua, 2013). China ofrece un modelo que combina comunismo, capitalismo y valores confucionistas en una fórmula denominada el 'Consenso de Pekín' (Cooper Ramo, 2004). Bajo este paradigma se está produciendo una profunda transformación en algunas regiones de África, en particular en países con una tradición colonial europea (francesa, belga y portuguesa) donde las inversiones chinas, en particular en el sector de la construcción, están cambiando el paisaje (Unceta y Bidaurratzaga, 2008).

El protagonismo chino en África ha atraído la atención y la preocupación de Occidente, que no sólo se ve desplazado en sus intereses por este nuevo actor internacional, sino que ve seriamente amenazada su hegemonía histórica y la de sus valores ideológicos y morales, tan distantes del pragmatismo chino. Como indican algunos observadores chinos: "mientras algunos políticos occidentales se dedican a debatir sobre los principios ideológicos, China ha puesto sus fuerzas a trabajar" en África (Liu y Yang 2009, p. 45). Pese a los aparentes logros de la empresa china en el continente, algunos líderes africanos han mostrado su preocupación por la aplicación real del 'modelo chino sobre el terreno (Buckley, 2013). La desconfianza parte de que el desembarco chino no varía tanto de los tradicionales modelos de explotación que África ha padecido, basados en el intercambio de materias primas por productos manufacturados. Esta reminiscencia colonialista ha abierto un nuevo debate, el que trata de dilucidar si lo que China hace en África es simplemente una reedición del viejo imperialismo occidental camuflado en nuevos ropajes (Paltiel, 2007).

Este capítulo recorre los principales ingredientes de la presencia china en África. Aborda los fundamentos sobre los cuáles Pekín legitima su presencia en el continente africano, así como los imperativos económicos que guían la misma. Posteriormente, repasa las principales herramientas con las que China materializa esta presencia y los sectores en los que se despliega. Tras explorar los resultados y contradicciones inherentes a la empresa china en África, se concluye con una reflexión sobre la aplicabilidad de este modelo, sus riesgos y potenciales vías para alejarlo del estereotipo colonialista.

1. MOTIVACIÓN Y LEGITIMACIÓN DE LA PRESENCIA CHINA EN ÁFRICA

China se ve a sí misma como un estado-civilización cuya hermandad con África está legitimada por la historia. En primer lugar porque se considera a sí misma víctima de la agresión colonialista del siglo XIX y de la imposición de los valores occidentales (Taylor, 2006). En segundo, porque la República Popular China interpreta su revolución como una más de las guerras de liberación contra Occidente y por ello habla de una tradición amistosa con África de más de medio siglo que se inició con los procesos de descolonización (Liu y Yang, 2009). En la legitimación ideológica de su presencia en África, y en otras áreas del mundo como América Latina, el enfoque del régimen comunista actual no difiere mucho de los argumentos maoístas relativos a las relaciones exteriores de la RPC, fundamentados en la solidaridad entre los países en desarrollo, la experiencia histórica común contra el colonialismo y la preferencia por el multilateralismo (Jiang, 2001).

Sin embargo, como se expone anteriormente, allá donde China ve un argumento sólido para la legitimidad de su intervención, algunos autores perciben el nacimiento de un nuevo imperialismo escondido en un discurso de igualdad y no injerencia en asuntos internos. Este artículo expone que, efectivamente, las relaciones entre China y África tienen un carácter asimétrico. Si bien algunas voces sitúan este desequilibrio en una supuesta superioridad moral y normativa de China sobre sus socios africanos (Paltiel, 2007 pp. 240-2), el discurso del imperialismo chino en África debe ser tomado con precaución, pues está construido desde una perspectiva occidental no libre de intereses políticos y comerciales en el continente (Palacios y Ramírez, 2011). Como apunta Van Dijk (2009, pp. 200-4), los imperativos del crecimiento económico chino figuran por encima de cualquier argumento historicista, legitimista o tercermundista entre las causas del interés de Pekín por África. Entre ellos, figuran objetivos como garantizar el suministro de materias primas, crear un mercado para los productos y servicios chinos, obtener tierras con fines agrícolas y promover la migración china al continente.

Estos imperativos económicos tienen un origen esencialmente doméstico. China necesita un crecimiento anual sostenido del 8 por ciento de su Producto Interior Bruto (PIB), y para ello requiere un suministro constante de materias primas, en especial petróleo y sus derivados. Sin las mismas, su producción industrial y ritmo de modernización estarían en peligro, así como la estabilidad social del país (Ming 2010, p. 213). El siguiente eslabón en esta 'cadena de estabilidades' es el Partido Comunista de China, cuya supervivencia está estrechamente ligada a la actuación económica del país. Dependiente de estos motivadores económicos, la presencia china en el continente africano se extiende a una amplia gama de esferas económicas y sociales: energía, infraestructuras, ciencia y tecnología, agricultura, educación, proyectos de salud, alivio de la pobreza y ayuda al desarrollo (Emerging Market Monitor, 2011).

Complemento y llave al mismo tiempo de esta vasta red de intereses económicos, China necesita un apoyo diplomático de las naciones africanas que la fortalezca en su nuevo estatus de superpotencia mundial (Tamames y Debasa, 2013, pp. 346-351). Para todos estos objetivos, Pekín debe proporcionar una alternativa a los modelos de cooperación occidental, cuyos principales elementos se exploran en la siguiente sección.

2. LAS HERRAMIENTAS DEL MODELO CHINO EN ÁFRICA

En su apuesta por el continente africano, China ha desarrollado una serie de instrumentos destinados a proteger y potenciar sus intereses económicos y diplomáticos. En primer lugar, ha desarrollado el Foro para la Cooperación entre China y África (FOCAC), organización dirigida a definir y materializar las relacionas bilaterales. En segundo lugar, ha creado todo un *corpus* diplomático e ideológico dirigido a la legitimación de sus inversiones en África, un modelo de desarrollo alternativo al occidental conocido como el 'Consenso de Pekín'. El tercer elemento es el despliegue del denominado 'poder blando' (Nye, 2009), de índole cultural y moral. Finalmente, estas herramientas están acompañadas por el músculo corporativo y financiero chino, lo que Fishman (2005) describe como 'China, Inc.'.

a. **El FOCAC como núcleo de la relación China-África**

El Foro para la Cooperación entre China y África (FOCAC) es el núcleo de la estrategia china en África. Fundado en 2000 reúne cada tres años a los ministros de Asuntos Exteriores y Finanzas de los países africanos y a los de China[1]. En 2006, el gobierno chino publicó el libro blanco de la 'Política Africana de China', que enumera las principales líneas de su acción diplomática en el continente y describe el foro como "un mecanismo efectivo para el diálogo colectivo y multilateral sobre cooperación entre China y África", así como "un marco y una plataforma importante para un nuevo tipo asociación", que "ofrece estabilidad a largo plazo, igualdad y beneficio mutuo" (FOCAC, 2006).

La fortaleza del foro como plataforma en las relaciones sino-africanas reside en dos aspectos. En primer lugar, demuestra que la apuesta China por África es a largo plazo pues el FOCAC responde a la necesidad de una institución fuerte e influyente similar a las diseñadas por Japón o Europa con similares objetivos. En segundo lugar, sus planes de cooperación abarcan una amplia gama de programas de desarrollo y acuerdos políticos que en anteriores iniciativas hacia África estaban ausentes (Liu y Yang 2009, p. 41).

La institución ha mostrado un crecimiento constante, ampliando su radio de acción, entre cumbre y cumbre, a la luz de la experiencia. En su primera reunión en el año 2000 se promulgó la 'Declaración de Pekín del Foro para la Cooperación entre China y África en relación al Desarrollo Económico y Social', que trazó la estructura, objetivos y funciones del foro. En la reunión de 2003, en Etiopia, se evaluó toda la acción del FOCAC desde la reunión anterior, explicando los proyectos más exitosos y corrigiendo las líneas de acción deficientes. Para concluir se aprobó el 'Plan de Acción de Addis Abeba' para los siguientes años estableciéndose desde entonces una suerte de planes trienales con declaraciones similares en cada una de dichas cumbres.

La evolución del mecanismo puede comprobarse en el amplísimo rango de áreas de cooperación e intercambio recogido en el plan más reciente, el 'Plan de Acción de Johannesburgo' (2016-2018). La hoja de ruta recoge elementos

1 Las reuniones se han celebrado en China (2000), Etiopía (2003), China (2006), Egipto (2009), China (2012) y Sudáfrica (2015). Cada reunión ha servido de catalizador de las relaciones bilaterales sino-africanas, destacando la de 2006 que contó con la presencia de 43 Estados africanos. Pekín volverá a acoger el foro en 2018.

tradicionales como la cooperación económica en materia de agricultura, seguridad alimentaria, infraestructuras, industria, o energía y recursos; o el impulso de los intercambios en áreas como el turismo, el comercio, la cooperación internacional, el medio ambiente o la ciencia y tecnología. También incluye medidas para aumentar las relaciones en los ámbitos judicial, educativo, universitario, cultural y de los medios de comunicación. En el mismo, además, se señalan iniciativas de apoyo a la Unión Africana para la estabilidad de la región o la inclusión de África como parte fundamental de la 'Ruta Marítima de la Seda del Siglo XXI' (FOCAC, 2015)[2].

b. **El Consenso de Pekín, alternativa al modelo liberal-democrático occidental**
La esencia de la intervención china en África reside en el denominado 'Consenso de Pekín' (Cooper Ramo, 2004), estampa legitimadora que defiende, sobre el papel, un comercio internacional de precios justos, que permitan establecer unas relaciones comerciales de confianza y cercanas y que no incluyan ninguna agenda ideológica. Según Cooper Ramo, la noción se basa en ofertar un programa para la implementación de reformas y desarrollo socioeconómico de manera gradual, y no exponencial, con la innovación y la experimentación como claves de este desarrollo y concediendo un papel central al crecimiento de las exportaciones. La perfecta aplicación del 'Consenso de Pekín', indica Cooper Ramo (2004, p. 4), ha de desembocar en la creación de un modelo de "capitalismo de estado" similar al de China, a medio camino entre la planificación socialista y el capitalismo de libre mercado, todo ello bajo un modelo político "autoritario", diferente del democrático pero también del "autocrático"[3].
Esta fórmula conecta con el único objetivo político que China tiene en África: potenciar la estabilidad de los gobiernos nativos. Esta estabilidad es necesaria para el progreso y la seguridad de sus inversiones, lo que ha llevado a China a descartar el modelo democrático por su escasa aplicabilidad a la etapa actual de desarrollo social en África. Por lo tanto, China promueve el establecimiento o la permanencia de regímenes autoritarios como los de Etiopía, Uganda, Sudán o Zimbabue. Siguiendo el modelo chino, estos gobiernos deben planificar la economía sin ahogar la iniciativa privada, que es igualmente crucial para desarrollo. Por ello, en base al 'Consenso de Pekín', los acuerdos económicos entre China y los distintos países africanos, entre ellos la ayuda al desarrollo,

2 FOCAC, 'The Forum on China-Africa Cooperation Johannesburg Action Plan (2016-2018)', 25 de diciembre de 2015. Disponible en: http://www.focac.org/eng/ltda/dwjbzjjhys_1/t1327961.htm

3 Para comprender en profundidad cómo funciona el gobierno autocrático chino (Ramírez Ruiz, 2013).

se establecen siempre sin condiciones políticas o ideológicas previas bajo la doctrina de la no injerencia en asuntos internos y el respeto a la soberanía ajena. China, consecuentemente, espera reciprocidad en este principio. Como enfatiza Yang Jiechi, canciller chino entre 2007 y 2013: "China no interfiere en los asuntos internos de otros países ni trata de imponer su voluntad a los demás; y no permite que fuerzas externas interfieran en sus asuntos internos" (ONU, 2012).

El principio básico que a priori sostiene el 'Consenso de Pekín' es el de unas relaciones bilaterales 'ganador-ganador'. Esta idea, mantra del régimen comunista en su acción exterior, ya estaba implícita en los años en los que Deng Xiaoping decidió iniciar la época de reforma y apertura. Sin embargo, se vio reforzada cuando el presidente Hu Jintao (2002-2012) incluyó en el núcleo doctrinario del Partido Comunista Chino, y en paralelo al concepto de 'comunismo con características chinas', la noción de *shijiehexie* o 'mundo armonioso' (Zheng y Sow Keat, 2007). Este concepto, introducido por Hu Jintao durante la Cumbre Afro-Asiática de 2005, ha ido evolucionando en posteriores foros internacionales como la Asamblea General de las Naciones Unidas en septiembre de ese mismo año (Zhang H., 2009). El 'mundo armonioso' previsto por China es un mundo diverso que coopera para mantener una paz duradera y alcanzar el desarrollo y la prosperidad común. Esta concepción idealista de la esfera internacional se construiría, según el lenguaje oficial del régimen, a través del respeto mutuo, el desarrollo equilibrado, los beneficios compartidos, el progreso de las relaciones internacionales bajo el concepto ganador-ganador y la construcción de una cultura de Paz común (Xinhua, 2007).

Para el caso específico de África, este concepto de 'mundo armonioso' promovido por China significa que los 'asuntos africanos', entre ellos el desarrollo, han de ser solucionados y encarados por los mismos africanos. Según los observadores chinos, lo que Pekín trata de exportar es un modelo de comercio multilateral justo, en el que las instituciones financieras y el proceso de globalización se desarrollen a favor de todos (Zhang H. 2009, p. 79).

Con la llegada de Xi Jinping al poder, los medios chinos así como observadores africanos han comenzado a equiparar el denominado 'Sueño Chino' (Ramírez, 2014, pp. 235-242), uno de los conceptos emergentes más populares del mandato de Xi, con el del 'Sueño Africano', lo que demuestra el ímpetu de Pekín en mostrar sus relaciones con el continente africano como un intercambio de igual a igual (Zhang, 2013; Migiro 2013)[4].

---

4 Zhang, Qian, 'African media attends seminar on 'Chinese Dream' and 'African Dream'', *People's Daily*, 18 de septiembre de 2013. Disponible en: http://en.people.cn/90883/8404283.html; Migiro,

c. **El poder blando de China en África**

Para fortalecer su imagen en África, China busca presentarse como un socio no ya sólo estratégico para los gobiernos africanos, sino también atractivo para la sociedad africana, cuestión que depende de lograr lo que se denomina como un poder blando[5]. Esta política de atracción comenzó en la época de Mao, cuando las ideas revolucionarias y la lucha contra el colonialismo se vieron respaldados por acciones concretas como el envío de equipos médicos a África (Li 2011, pp. 9-13).

En la actualidad, los principales elementos que conforman el atractivo de China en África residen en un modelo de desarrollo acelerado y exitoso, en su modelo institucional (forma de gobierno autoritario) y en su política exterior (multilateralismo con gotas de tercermundismo). Se trata de elementos bien publicitados por China a través de su diplomacia cultural, su diplomacia multilateral y sus programas de asistencia (Fijalkowski, 2011).

El poder blando de China en África está relacionado en primer lugar con la asistencia al desarrollo. China afirma destinar una gran cantidad de fondos a este tipo de partidas, pero conocer el alcance exacto de esta ayuda es complicado, ya que las autoridades de Pekín no ofrecen muchos datos al respecto. Con todo, algunas estimaciones apuntan que China aún está bastante por detrás de otros donantes (Provost y Harris, 2013). Al mismo, tiempo, el gobierno chino cuenta como ayuda al desarrollo fondos destinados a potenciar la apertura de nuevos mercados para sus productos así como inversiones realizadas en grandes infraestructuras (Samy, 2010), partidas cuya dimensión asistencial, entendida en términos estrictos, resulta disputable.

Por otro lado, a través del FOCAC, China ha puesto en marcha una serie de programas de cooperación cultural, educativa y legislativa. El enfoque educativo (Niu 2009, pp. 254-257) es probablemente el más publicitado. Implica esfuerzos activos que, como recoge el plan trienal anunciado en Johannesburgo (2015), incluyen intercambios académicos, programas conjuntos de formación, seminarios y cursos para los responsables de las universidades africanas. También se potencia enormemente la enseñanza del idioma chino en África a través de la enorme red de sedes del Instituto Confucio. Esta cooperación

---

Asha-Rose, 'Chinese Dream, African Dream: Achieving Common Development', *China Daily*, 28 de agosto de 2013. Disponible en http://usa.chinadaily.com.cn/china/2013-08/28/content_16927233.htm

5 Según el concepto desarrollado por Nye (2009, p. 164), el poder blando atrae mediante la cultura, a través de unos valores tenidos por superiores y puestos en práctica constantemente hasta conseguir que estos sean vistos como legítimos y se revistan de autoridad moral. El poder blando se puede ejercer de dos maneras. Directamente, a través de la promoción de la cultura y de los valores y aplicando una política exterior coherente con esos valores. Indirectamente, cuando emerge como un subproducto socioeconómico de una sociedad determinada.

cultural y lingüística tiene su contraparte en la enseñanza de las lenguas indígenas de África en algunas universidades chinas (Sun 2009, pp. 270-278). La importancia que el Estado chino concede a esta influencia cultural se constata en el intenso intercambio ministerial e institucional (Zhou H. 2009, pp. 292-293).

El objetivo de este poder blando chino en África es conseguir el apoyo de estos países en el ámbito internacional, para así reforzar su posición diplomática, en especial en temas sensibles como los derechos humanos y la democracia. Por ello, China potencia la creación de una visión propia sobre estos puntos. Así, por ejemplo, en 2004 organizó la Conferencia de Derechos Humanos Sino-Africana, a la que asistieron 27 países. Los principales temas de discusión se centraron en la relación entre derechos humanos y soberanía, la protección de los derechos humanos en las prácticas judiciales y la cooperación internacional en el ámbito de derechos humanos (Ofodile, 2009). Este esfuerzo va acompañado de programas de cooperación en temas de seguridad legislativa, judicial y nacional, cuyo objetivo es compartir experiencias en la lucha contra la criminalidad y el control de la inmigración.

d. **China S.A.: el músculo doméstico al servicio de la estrategia internacional**

Para asegurar el éxito de su estrategia africana, las autoridades chinas han integrado sus recursos financieros nacionales (bancos), la vanguardia empresarial de su economía (empresas estatales y corporaciones paraestatales) y la élite de sus órganos políticos (el poder ejecutivo del Gobierno) en un solo cuerpo u organismo, al que Fishman (2005) denomina China Inc. y que podría traducirse como China S.A. Este conglomerado virtual tiene como objetivo garantizar a largo plazo el abastecimiento de materias primas y energéticas, eliminar la competencia de otras potencias y ganar influencia política. Es decir, se trata del brazo ejecutivo del FOCAC, el 'Consenso de Pekín' y el concepto de ganancias mutuas.

El primer elemento de China S.A. es el financiero. China canaliza todas sus inversiones en África a través de los conocidos como 'bancos políticos'. China tiene tres de estas entidades: el Banco de Desarrollo de China (CDB), el Export-Import Bank de China (EXIM) y el Banco Agrícola de China (ABC). El de un mayor perfil político es el EXIM, pues se encuentra bajo el mando directo del Consejo de Estado y es la única institución china con capacidad de proporcionar 'préstamos blandos' o 'préstamos preferenciales' para las actividades de importación y exportación. Estos préstamos son concedidos con un doble objetivo. Por un lado, son utilizados para promover las exportaciones chinas, condicionándolos a la compra de productos chinos. Por el otro, se utilizan como una herramienta diplomática, pues solo se prestan a países 'amigos' con los que se ha llegado a acuerdos políticos.

Estas entidades tienen una gran capacidad de acción, ya que cuentan con dos recursos financieros muy importantes e intrínsecos al sistema chino. En primer lugar, el estricto control de las salidas de capital del país, lo que para este caso significa que todos los ahorros individuales de los ciudadanos chinos están a disposición del estado chino a través de estos bancos, que pueden ofrecer una financiación muy barata a las empresas estatales que invierten en el extranjero. En segundo lugar, los 'bancos políticos' también se benefician de la reserva de divisas que posee China[6], administrada y distribuida por la Administración Estatal de Cambio de Divisas de China (SAFE) en función, fundamentalmente, del interés estratégico del país y tras la evaluación del riesgo y rentabilidad de la operación. Resumiendo, en la China actual, tanto el ahorro de los ciudadanos como las reservas de divisas están al servicio de la internacionalización de sus empresas, que no se produce por motivaciones estrictamente comerciales, sino también por intereses geoestratégico.

En este sentido, los acuerdos entre China y los países africanos podrían resumirse con una simple ecuación: recursos naturales a cambio de créditos e infraestructuras. Esta fórmula, lejos de originarse en China, responde al modelo mediante el cual Japón construyó las infraestructuras básicas de China durante los gobiernos de Deng Xiaoping (finales de los 70 y década de 1980) a cambio del petróleo chino.

Sobre el terreno, esta ecuación se refleja, por ejemplo, en el denominado 'Modelo de Angola', que estipula un intercambio directo de infraestructuras por petróleo. Los acuerdos bilaterales entre Luanda y Pekín operan sobre la base de una sencilla oferta: las compañías de construcción chinas ejecutan grandes obras de infraestructuras en Angola y cobran directamente del banco EXIM, mientras Angola envía a China a través de la empresa Sonangol el petróleo equivalente a la cantidad pagada por el banco a las constructoras chinas. El capital chino, por tanto, no pasa por manos foráneas. China recibe el petróleo que necesita sin necesidad de gastar recursos financieros porque lo paga construyendo obras que dan trabajo a sus empresas constructoras. Esto supone además cientos de miles de empleos para ciudadanos chinos así como un aumento de la influencia política en el país destinatario de la obra. Desde un punto de vista legal, este modelo es de una clara inseguridad jurídica pues

6 China acumula la mayor cantidad de reservas del mundo (3,3 billones de dólares en 2015), que provienen de cuatro flujos básicos: la inversión extranjera directa, el superávit comercial, el turismo y el proceso llamado "esterilización" de su moneda (la compra de dólares para mantener un tipo de cambio dado).

el prestamista, el vendedor y cliente son la misma entidad, el estado chino, que opera en ausencia de organismos de verificación y equilibrio externos. Al mismo tiempo, se trata de un modelo atractivo para Angola, que paga con el recurso que tiene, el petróleo, ya que carece de suficientes divisas procedentes de créditos internacionales.

La fórmula aplicada en Angola se repite de manera similar países con notable presencia china, como la República Democrática del Congo, Sudán o Sudán del Sur. Se trata de países abandonados a su suerte por la comunidad internacional en los que China está llenando un espacio donde otras potencias como EE.UU. o la UE, sobre todo Francia, están ausentes o se retiraron recientemente. En el caso de Angola, China hizo su aparición en un país devastado por décadas de guerra, y tras los fracasos y retiradas consecutivas de Portugal, EE.UU. y España. Pekín desarrolló allí la estrategia que otros habían prometido hacer y no hicieron (Marques de Morais, 2011). Algo similar ocurre en el Congo -abandonado por Bélgica, Francia y EE.UU.- y en Sudán, aislado internacionalmente y embargado antes de su división.

Junto al *Modelo de Angola*, China tiene otros acuerdos de carácter más equilibrado con otros estados más estructurados y con un sistema socio-económico más evolucionado. El caso paradigmático sería el de Sudáfrica, cuyo modelo es el que China aplica a los demás países africanos de la órbita anglosajona (Corkin, 2008).

3. LOS SECTORES DE LA PRESENCIA CHINA EN ÁFRICA: PETRÓLEO Y MUCHO MÁS

Pese a su crecimiento constante en los últimos años, los intercambios comerciales sino-africanos sólo constituyen el 4 por ciento del valor del total de los intercambios de China con todo el mundo (Titiloye, Bankole y Adewuyi, 2009). A priori, por tanto lo que África significa para China es poco en comparación con lo mucho que China significa para África: se trata de su mayor socio comercial, después de haber superado los EE.UU., Reino Unido y Francia en 2009 (Ighobor 2013, p. 6). Esta primera valoración, no obstante, no debe eclipsar el potencial de África para con China en el presente y en el futuro. El continente africano, con una población de alrededor de 900 millones de personas, constituye un excelente socio comercial para el futuro, ya que las condiciones particulares de la economía africana permiten la exportación al por mayor de productos chinos de bajo coste sin necesidad de una contrapartida en forma de importaciones industriales.

Dejando a un lado este potencial comercial futuro, el interés actual de China en África reside sobre todo en la captación de petróleo y otros combustibles fósiles, lo que propicia muchas de las críticas que recibe la presencia china en África, algo reconocido por los analistas chinos (Zhao 2008, p. 112).

Según el BP World Statistical Review of World Energy (2011), África posee el 9,5 por ciento de las reservas mundiales de petróleo, de las que el 70 por ciento se encuentran en el África occidental, entre Costa de Marfil y Angola (Esteban, 2010). Uno de cada cinco barriles de petróleo crudo (bbl) que se consume en el mundo se extrae de las reservas ubicadas en dichas regiones y en el futuro uno de cada tres barriles tendrá el mismo origen (Wu, 2009, p. 17). Esta perspectiva justifica la importante apuesta china por lograr un acceso franco a estas áreas. Este interés por el control de los recursos petrolíferos africanos se ve desde Pekín como un acto legítimo que se lleva a cabo de manera diferente a la política petrolífera occidental (Liu y Yang 2009, p. 211). Siguiendo las políticas anteriormente descritas, China se ha hecho con el control del 2 por ciento de las reservas africanas de petróleo, que han llegado a alcanzar el 30 por ciento del consumo de petróleo de China (Alden, Grande y Soares de Oliveira, 2008).

Las principales compañías petroleras chinas -China Petroleum & Chemical Corporation (Sinopec), China National Petroleum Corporation (CNPC) y China National Offshore Oil Corporation (CNOOC)- trabajan en todo el continente pero sus principales proyectos están en Sudán, Angola, Nigeria, Gabón y Etiopía. La presencia china en Sudán comenzó en 1997, coincidiendo con el embargo estadounidense sobre el régimen de Jartum[7]. En la actualidad, China compra el 60 por ciento del crudo sudanés. Sudán es tan relevante para la estrategia petrolera china que Pekín, ante la guerra civil y división del país, se embarcó en un complejo ejercicio de diplomacia destinado a respaldar internacionalmente tanto a Sudán como a Sudán del Sur (Naidu, Corkin y Herman, 2009, pp. 109-110; Hardenberg, 2011). En Nigeria, la intervención petrolera china comenzó en 1998 a través de la CNPC, que se aseguró los derechos de explotación de pozos de petróleo en la cuenca del delta del Níger. Posteriormente, la compañía afianzó su presencia con la construcción de la mayor refinería en el país y la diversificación de su presencia en el sector energético gracias a inversiones en proyectos hidroeléctricos (Vines, Wong, Weimer y Campos, 2011). Mientras tanto, Sinopec monopoliza los esfuerzos de China en Angola donde, como se ha expuesto con anterioridad, se ha creado un sistema de explotación que se puede considerar como canon del negocio (de inversión o explotación) de China en África. Así, en marzo de 2006, se estableció una compañía conjunta con la estatal

---

7 Washington sancionó al gobierno de Sudán, en uno de sus embargos todavía vigentes, por supuesto patrocinio del terrorismo, desestabilización de gobiernos vecinos, represión de la minoría cristiana, entre otros motivos. Ver Arnett, J., 'Which countries are still affected by US sanctions?', *The Guardian*, 21 de julio de 2015.

angoleña Sonangol para formar Sonangol Sinopec International (SSI). Sinopec se adjudicó un 55 por ciento participación en el proyecto, mientras que el restante 45 por ciento quedó en manos de Sonangol. Sólo unos meses después, Angola superó a Arabia Saudí como el mayor exportador de crudo a China (Hare, 2007). Etiopía y Gabón también forman parte de esta estrategia petrolera china. En 2004, China se convirtió en el tercer mayor consumidor de crudo del Gabón después de EE.UU. y Francia (Pollock, 2007). En el oeste de Etiopía, la empresa petrolera china Zhongyuan Exploration Bureau está perforando en nombre de Petronas, la compañía petrolera estatal de Malasia, y se dedica a otras operaciones de perforación en la región de Ogaden, en Etiopía oriental (Jansson, Burke y Jiang, 2009).

Más allá del crudo, China está interesada en otros recursos minerales y naturales de África como son el cobre, el cobalto, los diamantes, el titanio y la madera. Pekín ha sustituido a EE.UU. como el mayor consumidor mundial de cobre, que compra a Zambia, donde ha realizado grandes inversiones en el sector minero (Gondwe, 2010). En la República Democrática del Congo, y a pesar de la inestabilidad generalizada y los conflictos civiles, China extrae e importa cobalto y cobre. Del mismo modo, busca diamantes en Sierra Leona y titanio en Kenia, así como cultiva la madera en Mozambique, Guinea Ecuatorial y Liberia, donde también está interesada en el caucho. China también importa más del 70 por ciento de los productos forestales de Gabón, República Centro Africana, Mozambique y Liberia, utilizando métodos que han sido calificados como poco sostenibles para el medio ambiente (Ndumbe Anyu y Afam Ifedi, 2008).

China también juega un papel destacado en el ámbito de las infraestructuras, muy importantes en las relaciones económicas bilaterales, especialmente en las relacionadas con la extracción y el pago del petróleo, como ya hemos visto. Las líneas principales de estas inversiones se trazan en las cumbres FOCAC y han sido fundamentales en el desarrollo de la cooperación sino-africana (Zhang Z., 2009). Esta área combina proyectos de carácter social como escuelas, hospitales o alojamiento asequible, por ejemplo, el proyecto de vivienda social Kilamba en Angola, con infraestructuras de transporte más importantes, como el eje argelino Este-Oeste, el proyecto ferroviario Abuja-Kaduna en Nigeria, la línea ferroviaria Addis-Nazareth en Etiopía. Otros proyectos de infraestructura son el oleoducto de Sudán, por la CNPC; el proyecto hidroeléctrico de Mambila en Nigeria o la Presa de Merowe en el norte de Sudán. Otros proyectos, como el Centro de Conferencias y Complejo de Oficinas de la Unión Africana, en Addis Abeba, tienen un marcado carácter diplomático.

Otra faceta relevante de la intervención china en África es la construcción de siete Zonas Económicas Especiales (ZEE), siguiendo el modelo implantado en la misma China por Deng Xiaoping para su política de reforma y apertura en la década de los años 1980. Las ZEE se establecen en virtud a acuerdos bilaterales con los gobiernos africanos y su objetivo es atraer la inversión extranjera gracias a regímenes fiscales ventajosos y una oferta de tierras industriales a precios competitivos. Hasta el momento China se han establecido ZEE seis países africanos. En Zambia, la ZEE de Chambishi se centra en la minería del cobre, el cobalto y en la energía eléctrica. Mientras la sub-zona de Lusaka se especializa en textiles, alimentos, electrodomésticos, tabaco y productos electrónicos. En Egipto, la ZEE de Suez canaliza inversiones en la industria textil, producción de equipos eléctricos, petroleros y de ensamblaje de automóviles. En Etiopía, la ZEE de Dukem está focalizada hacia la producción de acero, materiales de construcción y cueros. En Argelia, el espacio está centrado en el sector de la automoción y en materiales de construcción. En Nigeria China ha desarrollado dos zonas. La ZEE de Ogun está relacionada con la producción de materiales de construcción, cerámica, artículos de ferretería, procesamiento de madera y nuevas tecnologías. La de Lekki, con la producción de textiles, electrodomésticos, así como con las industrias de automoción, telecomunicaciones y equipamiento ligero. Finalmente, en Mauricio, la ZEE Jinfei funciona como centro logístico y de negocios para ayudar a los intercambios bilaterales conjuntos de China y África. Hasta el momento, los resultados de estas zonas han sido dispares. Sólo las de Zambia y Egipto funcionan de manera plena, el resto están en proceso de construcción y, en algunos casos, realmente estancadas (Brautigam y Tang, 2011; Mangra, Sperdea, Celenkovic y Cojocaru, 2011).

China también invierte en el sector agrícola. Pese al crecimiento constante de estas inversiones, la partida de agricultura supone únicamente el 3 por ciento de las inversiones chinas en el continente. Éstas se canalizan a través de empresas estatales, sociedades colectivas y anónimas, sociedades de responsabilidad limitada, etc. China está presente en el 80 por ciento del continente en áreas como la ganadería, la pesca o la silvicultura (Li, Xu y Li, 2009).

La cooperación en ciencia y tecnología es otra de las facetas necesarias para asegurar el éxito y la rentabilidad ya que la exportación de tecnología china puede ayudar a aumentar la demanda de productos chinos. Sin embargo, para que la transferencia de tecnología se produzca se requiere que las empresas chinas transfieran conocimientos y coordinen sus acciones de investigación con instituciones africanas, algo difícil y de hecho, casi inexistente, dado el extremo celo de las compañías chinas con su *know-how* (Elu y Price, 2010).

Junto a los anteriores elementos, todos ellos sancionados de manera oficial por el estado, la presencia china en África tiene otra herramienta importante, la que constituyen sus empresas provinciales y privadas, que operan en todo el continente pero sobre todo en Nigeria, Sierra Leona, Guinea, Botsuana y Sudáfrica. Estas empresas, en particular las privadas, entraron en el continente en la década de 1980, justo al inicio de las políticas de apertura de Deng y están principalmente orientadas al comercio de bienes de consumo, la industria ligera y la textil. Sobre ellas recae la 'leyenda negra' sobre la presencia china en África, ya que suelen ser iniciativas privadas las que ignoran la mano de obra local o la explotan, teniendo al mismo tiempo un mayor impacto negativo sobre el medio ambiente. La mayor parte de estas compañías son pymes que se caracterizan por "un fuerte espíritu empresarial", una alta capacidad de adaptación a las condiciones locales y una alta competitividad notable entre ellas mismas (Jing 2009, pp. 573-576). Estas empresas surgieron sobre todo de entre la diáspora china en el continente. Suelen funcionar con mano de obra local, mientras que los puestos ejecutivos y de gestión están ocupados por profesionales chinos. Destacan por su profunda integración en las sociedades civiles africanas, a las que ofrecen diversos servicios y de las que obtienen sus beneficios. Sin embargo, tienden a comportamientos similares a las prácticas de extraterritorialidad de las antiguas potencias coloniales, es decir, sólo responden ante China por sus acciones. Si bien esta manera hermética de actuar, obligada por las diferencias culturales, puede parecer apropiada en una etapa temprana, puede ser muy perjudicial para los intereses chinos en África si no se invierte en el medio-largo plazo.

3.1 El impacto de la presencia china en África: resultados y contradicciones

Desde el punto de vista chino, la intervención del gigante asiático en África durante las últimas décadas muestra un balance claramente positivo. Los analistas chinos no dudan en afirmar que "la presencia china, indudablemente, está dando a África una oportunidad de abandonar el subdesarrollo y de dejar atrás siglos de atavismos" (Edoho, 2010). Desde esta perspectiva, el crecimiento de la cooperación económica e intercambios culturales es positivo para ambas partes y para un mundo multipolar, ya que la complementariedad económica y el mutuo apoyo diplomático benefician tanto a las débiles soberanías africanas como a las aspiraciones internacionales de China. En este sentido, resulta cierto que la presencia china tiene un doble efecto positivo sobre las economías africanas. Por un lado, ha permitido a los países africanos financiarse a sí mismos, recibir préstamos en condiciones favorables y comprar bienes industriales a precios asequibles. Por otro, la demanda china ha permitido el incremento de los precios de las materias primas a nivel global. En conjunto, con sus efectos directos e indirectos, el ascenso de China está permitiendo la reorganización de las economías africanas, algunas endémicamente en ruinas, y la articulación de mercados y naciones a través de las infraestructuras que Pekín construye en África.

Este aparente marco de beneficio mutuo se enfrenta a algunas contradicciones. En primer lugar, China en África juega el papel de superpotencia y pretende ser uno de los mayores donantes del continente cuanto en sí misma es un país en vías de desarrollo que recibe e invierte amplios fondos en el desarrollo de sus regiones occidentales (Fung, Izaka y Tong, 2002). Esto obliga a Pekín a mantener una política muy sutil para que sus intereses como país en desarrollo no choquen con los de los países africanos. Al mismo tiempo, el gobierno chino debe encontrar la manera de combinar su publicitada política de no intervención con la protección de sus crecientes intereses, inversiones y ciudadanos en África (Ríos, 2008). En segundo lugar, aunque China puede enumerar una serie de logros en el marco del FOCAC, existen áreas que escapan a su control en la aplicación del 'Consenso de Pekín' y de los numerosos acuerdos bilaterales firmados con las naciones africanas. Uno de ellos es el papel creciente de las empresas privadas o propiedad de los gobiernos provinciales. Ambos tipos de compañía tienen en común la maximización de sus beneficios sin tener en cuenta las leyes y reglamentos de los estados africanos o de la misma China. Por ello, se están convirtiendo en un punto de fricción con las sociedades africanas, siendo las responsables de la mala fama atribuida a China en el continente, relacionada sobre todo con el daño al medio ambiente y la explotación de la mano de obra local. Las autoridades chinas se enfrentan en este punto con una situación problemática, pues les resulta muy complicado obligar a estas empresas 'independientes' a aplicar en África unas legislaciones garantistas hacia los trabajadores o respetuosas con el medio ambiente que, por otra parte, tampoco cumplen ni aplican en la misma China (Croll, Lebzen y Paes, 2008). Junto a estas dos contradicciones existe una falta de transparencia que afecta a toda la estrategia de cooperación para el desarrollo de China y a la aplicación del modelo angoleño que, bajo la coartada de la eficiencia, hace que los fondos de ayuda no recalen finalmente en el país receptor, lo que erosiona la independencia y el derechos a la propiedad de los socios africanos.

Hasta cierto punto, se podría afirmar que Pekín globaliza en sus propios términos, lo que significa que los beneficios mutuos tienen un precio para el desarrollo de los países africanos. Por ejemplo, y citando solo los efectos negativos más evidentes, cabe señalar que los acuerdos bilaterales suelen definirse bajo unas estrictas condiciones que fijan precios bajos para contratos a largo plazo de exportaciones de petróleo, o que la compra o arrendamiento de tierra por parte de China para el cultivo obstaculiza el desarrollo de las exportaciones agrícolas africanas (Cardenal y Araujo, 2011). Asimismo, los trabajadores africanos son sustituidos en ocasiones por mano de obra china lo que desarticula sus mercados laborales, y la presencia de las empresas chinas supone la destrucción de las menos competitivas industrias locales, a lo que hay que sumar la invasión de productos baratos fabricados en China. Todo ello nos muestra los riesgos que está asumiendo África al convertir a China en pieza clave de su desarrollo, pues esta coalición de intereses puede devenir en dependencia de China y de su modelo de 'recursos por ayuda financiera', lo que dejaría al continente ante la incertidumbre capital de una posible quiebra una vez el petróleo o las materias primas se hayan agotado.

En el fondo, de estas dudas subyace la cuestión fundamental de si el 'Consenso de Pekín' es aplicable y adecuado para el desarrollo de África, teniendo en cuenta el modelo político y económico de aquellos países. Las dificultades y riesgos de exportar el modelo chino a África no son pocos. Para empezar, cabe destacar que el modelo chino es único en tanto que se trata de una combinación de condiciones históricas y culturales que no pueden ser trasplantadas fácilmente a otros países. Ciertos componentes del confucionismo chino, como el pensamiento estratégico y el trabajo duro, podrían aplicarse en África. Sin embargo, los países africanos, individualmente, carecen de las dimensiones que permiten a China ser determinante en la economía global y, en conjunto, carecen de una estrategia económica coherente y común a largo plazo. Aunque a primera vista un sistema controlado por el estado, pero que reserva un papel para el sector privado y el mercado, parece más atractivo que un modelo occidental en el que la ayuda se ofrece sólo en condiciones políticas y económicas estrictas, la oferta china de desarrollo no es claramente ventajosa. De esta realidad se deriva la crítica de la apuesta africana de China por Europa y el riesgo de que el intento de aclimatación del modelo autoritario chino en África quede limitado a reforzar los regímenes dictatoriales en el continente.

CONCLUSIÓN

China ha acudido a África a la búsqueda de los recursos que necesita para mantener y potenciar su desarrollo y crecimiento económico. Ello no significa necesariamente una falta de sinceridad en sus manifestaciones en favor de unas relaciones de beneficio mutuo en las que África salga beneficiada. Tampoco significa que la erradicación de la pobreza, la creación de empleo o la implementación de servicios básicos entre los pueblos africanos sean sus objetivos prioritarios en el continente. Para Pekín, sus inversiones suponen una oportunidad que debe ser aprovechada por los países africanos en su huida del círculo vicioso del subdesarrollo, un futuro factible, para el cuál África debe tomar ejemplo del milagro económico chino.

Con todo, las inversiones chinas en la actualidad carecen de transparencia, no tienen una explicación coherente para la población y además contribuyen, de manera colateral e inconsciente, a la desintegración de la sociedad africana tradicional. Para el caso africano, ambas circunstancias recuerdan mucho a los proceders de las antiguas potencias coloniales y post-coloniales (Lumumba-Kasongo, 2011). China debe tener en cuenta el recuerdo negativo que los pueblos africanos tienen del pasado colonial si quiere evitar ser vista en el futuro como una nueva potencia colonial que asaltó África en el siglo XXI. El alejamiento de estos estereotipos pasa por aumentar la transparencia ante las poblaciones africanas en lo referente a los mecanismos de sus acuerdos económicos bilaterales así como concebir los programas de ayuda en

África como un gasto estratégico en lugar de un simple costo económico (Zhang Y., 2009). Además, China debería ser igualmente sensible en la coordinación de su política exterior con la de sus socios africanos, evitando en todo momento que se pueda ver a los segundos como meros peones en el juego de las 'grandes potencias'. En esta misma línea, las autoridades chinas tienen mucho que ganar haciendo que su política de no injerencia en los asuntos internos de sus socios sirva para reforzar gobiernos estables y limpios.

Finalmente, debe valorarse en su justa medida la capacidad del modelo chino para ser exportado al continente africano. Esta es cuestionable ya que la mayoría de los países africanos carecen de los recursos naturales, la masa poblacional, la articulación geográfica y el plus de determinación que conceden una idea nacional y de civilización con la que China contaba en su momento para abordar la enorme tarea de una modernización rápida y una expansión global.

BIBLIOGRAFÍA

- ALDEN, C., LARGE, D., and SOARES DE OLIVEIRA, R. (2008). *China Returns to Africa: A Rising Power and a Continent Embrace*. London: Hurst.
- ARNETT, J., (2015, 21 de julio) 'Which countries are still affected by US sanctions?', *The Guardian*, p. 25.
- BUCKLEY, C. (2013, 25 de marzo) China's Leader Tries to Calm African Fears of His Country's Economic Power, *The New York Times*. http://www.nytimes.com/2013/03/26/world/asia/chinese-leader-xijinping-offers-africa-assurance-and-aid.html?_r=0
- BP (2011) *Statistical Review of World Energy*, http:// www.bp.com
- BRAUTIGAM, D., y TANG, X. (2011). African Shenzhen: China's Special Economic Zones in Africa, *Journal of Modern African Studies*, 49:1, pp. 27–54
- CARDENAL, J.P. y ARAUJO, H. (2011). *La silenciosa conquista China*. Barcelona: Crítica
- Cooper Ramo, J. (2004). *The Beijing Consensus*, London: The Foreign Policy Centre
- CORKIN, L. (2008). Competition or Collaboration? Chinese and South African Transnational Companies in Africa, *Review of African Political Economy*, 35:115, 208, pp. 128-134.
- CROLL, P. J., LEBZIEN, A., y PAES, W. C. (2009). Yellow Imperialism' or 'Successful Wealth Creation Formula'?, *Bonn International Centre for Conversion*, 7, pp. 1-8
- EDOHO, F. M. (2010). Globalization and Marginalization of Africa: Contextualization of China–Africa Relations, *Africa Today* 58:1, pp. 104-124

- ELU, J. U., y Price, G. (2010). Does China Transfer Productivity Enhancing Technology to Sub-Saharan Africa? Evidence from Manufacturing Firms, *African Development Review*, 22:1, pp. 587–598
- Emerging Market Monitor (2011). China- Africa: Much more than resources, 32:17
- Esteban, M.A. (2010). Silent invasion? African views on the Growing Chinese presence in Africa: The case of Ecuatorial Guinea, *Africa and Asia Studies*, 9, pp. 232-251
- FIJAŁKOWSKI, L. (2011). China's 'soft power' in Africa?, *Journal of Contemporary African Studies* 29:2, pp. 223-232
- FISHMAN, T. C. (2005). *China, Inc.: How the Rise of the Next Superpower Challenges America and the World*. New York: Scribner
- FOCAC (2006) China's African Policy', http://www.focac.org/eng/zt/zgdfzz-cwj/t230479.htm
- FOCAC, (2015, 25 de diciembre) 'The Forum on China-Africa Cooperation Johannesburg Action Plan (2016-2018)', http://www.focac.org/eng/ltda/dwj-bzjjhys_1/t1327961.htm
- Gondwe, K. (2010, 19 de Febrero) China reaps reward of Zambia copper investment, *BBC World Service*, http://news.bbc.co.uk/2/hi/business/8523967.stm
- HARDENBERG, D. (2011, 11 de enero) China: A force for peace in Sudan?, *Al Jazeera News*, http://www.aljazeera.com/indepth/features/2011/01/20111910357773378.html
- HARE, P., (2007) China in Angola: An Emerging Energy Partnership, *China Brief Retrieved*, http://www.jamestown.org/programs/chinabrief/single/?tx_ttnews%5Btt_news%5D=3997&tx_ttnews%5BbackPid%5D=196&no_cache=1
- IGHOBOR, K. (2013). China in the heart of Africa, *Africa Renewal Online*, Retrieved from: http://www.un.org/africarenewal/magazine/january-2013/china-heart-africa
- FUNG, K.C; IIZAKA, H. y TONG, S. (2002). Foreign Direct Investment in China: Policy, Trend and Impact, Conference paper on China's Economy in the 21st Century, June 24–25, Hong Kong, http://www.hiebs.hku.hk/working_paper_updates/pdf/wp1049.pdf
- JANSSON, J., BURKE, C., and JIANG, W., (2009). *Chinese Companies in the Extractive Industries of Gabon & the DRC: Perceptions of Transparency*, Centre for Chinese Studies. South Africa: Stellenbosch University.
- JIANG, S. (2011). Una nueva época de la cooperación Norte-Sur las relaciones de China con África y América Latina, *Vanguardia Dossier*, 40, pp. 91-97

- JING, G. (2009). 'China's private enterprises in Africa and the implications for African development', *European Journal of Development Research*, 21:4, pp. 570–87
- LI, A. (2011). Chinese Medical Cooperation In Africa. With Special Emphasis on the Medical Teams and Anti-Malaria Campaign. *Discussion Paper No. 52, Nordiska Afrikainstitutet*, http://nai.diva-portal.org/smash/get/diva2:399727/FULLTEXT02
- LI, X., XU, X., XU, L., and LI, C., (2009). Fifty years of Sino-African Agricultural Cooperation. Liu, H., and Yang, J., (eds.), *Fifty Years of Sino-African Cooperation: Background, Progress and Significance, Chinese Perspectives on Sino-African Relations*, Kunming: Yunnan University Press.
- LIU, H., and YANG, J., eds. (2009). *Fifty Years of Sino-African Cooperation: Background, Progress and Significance, Chinese Perspectives on Sino-African Relations*, Kunming: Yunnan University Press.
- LUMUMBA-KASONGO, T. (2011). China-Africa Relations: A Neo-Imperialism or a Neo-Colonialism? A Reflection, *African and Asian Studies*, 10, pp. 234–266
- MANGRA, M. G., SPERDEA, N. M., CELENKOVIC, L., y COJOCARU, C., (2011) China's special economic zones and the current global economic downturn, *Economics, Management and Financial Markets*, 6:4, pp. 132–137
- MARQUES DE MORAIS, R. (2011) The new imperialism: China in Angola, *World Affairs Journal*, March/April, pp. 67-74
- MING, W. (2010). Empirical study on determinants of China's fdi to Africa 2002-2008, *International Journal of Business Research*, 10:6, pp. 202-210
- MIGIRO, Asha-Rose, (2013, 28 de agosto), 'Chinese Dream, African Dream: Achieving Common Development', *China Daily*, http://usa.chinadaily.com.cn/china/201308/28/content_16927233.htm
- NAIDU, S., CORKIN, L. and HERMAN, H. (2009). 'China's (re) emerging relations with Africa: Forging a new consensus? *Politikon* 36(1), pp. 87–115
- NDUMBE ANYU, J., and AFAM IFEDI, JP. (2008). China's Ventures in Africa: Patterns, Prospects and Implications for Africa's Development, *Mediterranean Quarterly* 19:4, pp. 91-110
- NIU, C. (2009). China and Africa: a new paradigm in Educational Cooperation. Liu, H., and Yang, J., (eds.), *Fifty Years of Sino-African Cooperation: Background, Progress and Significance, Chinese Perspectives on Sino-African Relations*. Kunming: Yunnan University Press
- NYE, J. (2009). Get smart: Combining hard and soft power, *Foreign Affairs*, 88:4

- OFODILE, U. (2009). Trade, Aid and Human Rights: China's Africa Policy in Perspective, *Journal of International Commercial Law and Technology*, 4:2, pp. 86-92
- PALACIOS, L., y Ramírez, R. (2011). *China, historia, pensamiento, arte y cultura*. Córdoba: Almuzara
- PALTIEL, J. (2007). *The Empire's New Clothes: Cultural Particularism and Universal Value in China's Quest for Global Status*. New York: Palgrave.
- POLLOCK, G. (2007). Back to the Future: Understanding China's Return to Africa and its Implications for U.S. Policy, *Journal of Public and International Affairs*, 18, pp. 55-79
- PROVOST, C. y HARRIS, R. (2013, 29 de abril), China commits billions in aid to Africa as part of charm offensive - interactive, *The Guardian*, http://www.theguardian.com/globaldevelopment/interactive/2013/apr/29/chinacommits-billions-aid-africa-interactive
- RAMÍREZ RUIZ, R., (2014). El "Sueño Chino" de Xi Jinping. La "Quinta Generación de Dirigentes" y su programa de Gobierno, *La Albolafia: Revista de Humanidades y Cultura,* 1, 223-244.
- RAMÍREZ RUIZ, R., (2013). Caras, características y dinámicas del poder en la China actual, *Historia Actual Online*, 30, pp. 73-87.
- RÍOS, X. (2008), China y las misiones de paz de Naciones Unidas, *Observatorio de la Economía y la Sociedad de China*, 9, http://www.eumed.net/rev/china/09/xr.htm
- SAMY, Y. (2010). China's aid policies in Africa: Opportunities and challenges, *The Round Table*, 99: 406, pp. 75-90
- SUN, X. (2009). Building the bridge of Sino-African cultural exchanges. The African native language teaching in China. Liu, H., and Yang, J., (eds.), *Fifty Years of Sino-African Cooperation: Background, Progress and Significance, Chinese Perspectives on Sino-African Relations*. Kunming: Yunnan University Press.
- TAMAMES, R., y DEBASA, F., (2013). *China tercer milenio. El Dragón Omnipotente.* Barcelona: Planeta
- TAYLOR, I. (2006). *China and Africa: Engagement and Compromise.* London: Routledge.
- TITILOYE, A. O., BANKOLE, A. S. y ADEWUYI, A. O., (2009). China–Africa Trade Relations: Insights from AERC Scoping Studies, *European Journal of Development Research*, 21, pp. 485–505
- UN (2012, 27 de septiembre)) China's Foreign Minister stresses principle of non-interference at UN debate, *UN News Centre*, http://www.un.org/apps/news/story.asp?NewsID=43101&Cr=&Cr1=

- UNCETA SATRUSTEGUI, K. y BIDAURRATZAGA AURRE, (2008). The economic relations between China and Africa and their influence on the African development pattern, *Revista de Economía Mundial*, 20, pp. 21-257.
- VAN DIJK, M. P. (ed.) (2009). *The New Presence of China in Africa*. Amsterdam: Amsterdam University Press.
- VINES, A., WONG. L., WEIMER, M. y CAMPOS, I. (2011). Sede de petróleo africano, Petrolíferas Asiáticas na Nigéria e em Angola, *Royal Institute of International Affairs (RISI)*, http://www.chathamhouse.org/sites/default/files/public/Research/Africa/r0809_africanoil_po.pdf.
- WU, L., (2009). Thoughts on China – Africa energy cooperation and more. Liu, H., and Yang, J., (eds.), *Fifty Years of Sino-African Cooperation: Background, Progress and Significance, Chinese Perspectives on Sino-African Relations*. Kunming: Yunnan University Press
- XINHUA (2007, 15 de octubre) Hu Jintao calls for building harmonious world, http://news.xinhuanet.com/english/2007-10/15/content_6884160.htm
- XINHUA (2013, 29 de marzo) China will be Africa's all-weather friend and partner: Chinese president, http://news.xinhuanet.com/english/china/2013-03/30/c_124522273.htm
- XINHUA (2013, 31 de marzo) Xi's maiden foreign tour historic, fruitful, http://news.xinhuanet.com/english/indepth/2013-03/31/c_132274914.htm
- ZHANG H., (2009). Reflections on Promotion of Harmonious and Win-win Relationship Between China and Africa. Liu, H., and Yang, J., (eds.), *Fifty Years of Sino-African Cooperation: Background, Progress and Significance, Chinese Perspectives on Sino-African Relations*. Kunming: Yunnan University Press
- ZHANG Z. (2009). Sino-african cooperation in infraestructure construction under the FOCAC framework. Liu, H., and Yang, J., (eds.), *Fifty Years of Sino-African Cooperation: Background, Progress and Significance, Chinese Perspectives on Sino-African Relations*. Kunming: Yunnan University Press
- ZHAO, H. (2008). China-U.S. Oil Rivalry in Africa, *The Copenhagen Journal of Asian Studies*, 26:2, pp. 97–119.
- ZHANG, Qian (2013, 18 de septiembre) 'African media attends seminar on 'Chinese Dream' and 'African Dream'', *People's Daily*, http://en.people.cn/90883/8404283.html;
- ZHANG Y. (2009). Sino-African cooperation in science and technology: history and prospect. Liu, H., and Yang, J., (eds.), *Fifty Years of Sino-African Cooperation: Background, Progress and Significance, Chinese Perspectives on Sino-African Relations*. Kunming: Yunnan University Press
- ZHENG, Y. y Sow Keat, T. (2007) 'Harmonious Society' and 'Harmonious World': China's Policy Discourse under Hu Jintao, *China Policy Institute Briefing Series*, University of Nottingham, Issue 26

- ZHOU, H. (2009). Culture exchange and the sustained develompment of Sino African relationship. Liu, H., and Yang, J., (eds.), *Fifty Years of Sino-African Cooperation: Background, Progress and Significance, Chinese Perspectives on Sino-African Relations*, Kunming: Yunnan University Press

LA FRONTERA AVANZADA DE ESPAÑA

José Carlos López-Pozas Lanuza
Teniente Coronel de Artillería, Doctor en Paz, Seguridad y Defensa

I. CONCEPTOS PREVIOS: SEGURIDAD NACIONAL VERSUS DEFENSA NACIONAL. ESTRATEGIAS

Tradicionalmente, el término Defensa Nacional se ha vinculado al espacio territorial de soberanía y a la protección de la vida de la población así como de los intereses vitales de una nación, dentro de su propio territorio o en las zonas adyacentes. Mientras, el de Seguridad Nacional se define como "la acción del Estado dirigida a proteger la libertad y el bienestar de sus ciudadanos, a garantizar la defensa de España y sus principios y valores constitucionales, así como a contribuir junto a nuestros socios y aliados a la seguridad internacional en el cumplimiento de los compromisos asumidos".

La Defensa es un concepto más restringido que la Seguridad, ya que sólo se refiere al mantenimiento de las condiciones que le permitan al país asegurar sus intereses primarios ante posibles amenazas o acciones del exterior y por lo tanto en este ámbito actúan los Ministerios de Exteriores y de Defensa. Sin perjuicio de que, si la situación lo requiere, apoyen a las fuerzas de seguridad internas.

Ilustración 1. Las estrategias

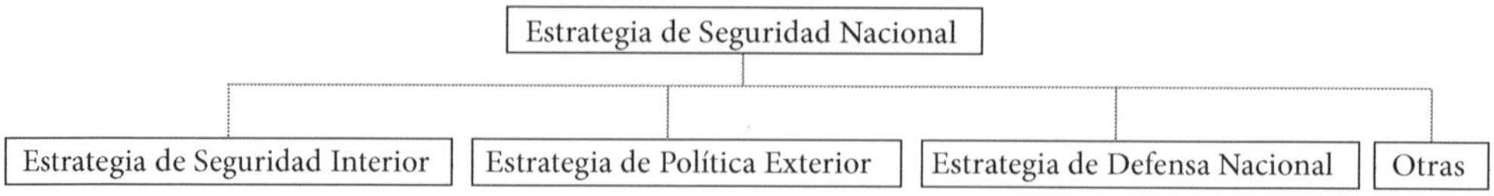

Fuente: Elaboración propia

En junio de 2011, el Consejo de Ministros aprobó el documento *Estrategia española de seguridad: una responsabilidad de todos*. El mismo constituyó un hito al elaborarse una estrategia multidisciplinar y superarse el modelo seguido hasta la fecha, en el que los documentos estratégicos de referencia se limitaban a asuntos de defensa y seguridad, en el sentido clásico, elaborados por los ministerios más involucrados en estos temas[1]. El nuevo documento partía de que, en un nuevo mundo globalizado, no había un límite entre la seguridad exterior y la interior.

La Estrategia de Seguridad Nacional (2013) considera que hay doce amenazas que afectan singularmente a la seguridad de España: los conflictos armados, el terrorismo, las ciberamenazas, el crimen organizado, la inestabilidad económica y financiera, la vulnerabilidad energética, la proliferación de armas de destrucción masiva, los flujos migratorios irregulares, el espionaje, las emergencias y catástrofes, la vulnerabilidad del espacio marítimo y la vulnerabilidad de las infraestructuras críticas y los servicios esenciales.

También se contemplan factores potenciadores que, sin ser en sí mismos una amenaza, pueden desencadenarlas o agravarlas: el cambio climático, la pobreza, la desigualdad, los extremismos ideológicos, los desequilibrios demográficos o la generalización del uso nocivo de las nuevas tecnologías.

En un mundo globalizado, España ha de mirar fuera de sus fronteras, allá donde se puedan producir estos riesgos para su seguridad y África es una zona muy a tener en cuenta, ya que algunos países del África Subsahariana se están desarrollando pero, al mismo tiempo, presentan problemas de estabilidad y conflictos que llegan a amenazar su propia existencia. La pobreza extrema y el cambio climático provocan éxodos de población y conflictos asociados por la escasez del agua y la explotación de los recursos. El fomento de nuestra seguridad pasa por trabajar en todas estas zonas por medio de relaciones de cooperación y con nuestros socios y aliados.

Para los intereses españoles, el Sahel, el Cuerno de África y el Golfo de Guinea son zonas vitales en donde confluyen tráficos ilícitos, conflictos étnicos, terrorismo, estados fallidos, subdesarrollo y extremismos ideológicos. La fragilidad de los

1 Libro Blanco de la Defensa (2000), Revisión Estratégica de la Defensa (2003) y Directivas de Defensa Nacional (hasta 2012).

estados de Sahel ha convertido la región en terreno propicio para conflictos interétnicos, la proliferación de redes delictivas y grupos terroristas yihadistas.

Ilustración 2. El Sahel

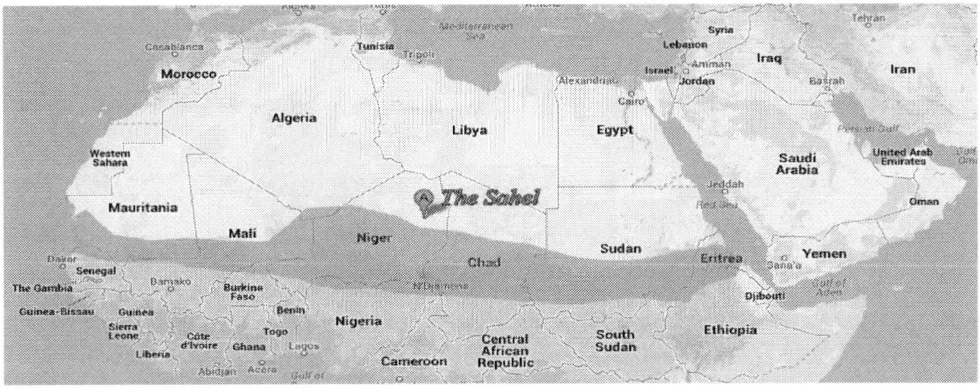

Fuente: http://www.enca.com

Mientras en el Cuerno de África y el Golfo de Guinea hay una amenaza, la vulnerabilidad del espacio marítimo y en el primero, además, un factor que la potencia, el extremismo ideológico; en el Sahel confluyen otra amenaza diferente y el mismo factor: el flujo migratorio ilegal y el extremismo ideológico. Por ello, la actuación en cada caso ha de combatir todos los riesgos que se puedan presentar. Para reducir la inmigración ha de aumentarse las capacidades de la sociedad civil, es decir, crear riqueza de forma sostenible por lo que es necesario reforzar las condiciones de seguridad fortaleciendo las estructuras estatales y ayudando a sus fuerzas armadas y de seguridad en la lucha contra el terrorismo. La actuación en Malí, enfocada desde el punto de integral de la seguridad nacional, es una muestra de este tipo de cooperación.

2. LA AMENAZA: FLUJO MIGRATORIO ILEGAL

Las cifras de potenciales inmigrantes que desean establecerse en Europa son muy dispares: desde la que asegura que, según la ONU, antes de 2020 serán 60 millones, procedentes de los países del Sahel y del Sahara, a la de dos millones, por la actual dificultad de embarcar desde Libia[2]. Lo que sí está constatado es que la tendencia va en aumento. En un principio, la mayor parte de la emigración es por causas

2 Brachet, J. (2013).

económicas, siendo mucho mayor que la de los refugiados por motivos políticos o por la guerra (el grupo que más compasión provoca). Otra cuestión que se pueda demostrar a qué grupo pertenece cada solicitante ya que la legislación europea es mucho más favorable al refugiado que al emigrante ilegal por puros motivos económicos y ello es tan conocido que, a nivel mundial, el 80 por ciento de los refugiados que solicitan asilo en terceros países lo hacen en Europa.

2.1 Antecedentes de los flujos en España

Ceuta y Melilla

En la década de 1980, la inmigración ilegal en España era meramente testimonial si se compara con las cifras actuales. En Ceuta y Melilla había otro tipo de inmigración, consistente en el paso diario de marroquíes a ambas plazas para trabajar pero manteniendo la vivienda en Marruecos. No existían los grandes flujos de subsaharianos que ahora conocemos.

A mediados de la década de 1990, se empezaron a producir los primeros pasos de frontera en masa y en fuerza, lo que motivó el refuerzo de la Guardia civil y el empleo del Ejército cuyos miembros, al no ser agentes de la autoridad, no tenían capacidad para detener a los inmigrantes por lo que cada patrulla debía ir acompañada de un miembro de la benemérita. Esa solución de circunstancias muestra que no había una verdadera coordinación entre la Estrategia de Defensa y la de Seguridad interior y que el contemplado caso de que, en caso necesario, las Fuerzas Armadas colaborarían con la seguridad interior, no se había coordinado en otra normativa, es decir no se había coordinado el paso del empleo de las medidas suaves de una situación normal (cooperación al desarrollo, acción cultural y científica, e imagen exterior) a la aplicación de medidas coercitivas cuando la situación normal fue desbordada: empleo de alambradas, Guardia Civil y Ejército. De hecho, el empleo del Ejército fue una medida temporal hasta la construcción de las vallas de Ceuta y Melilla a finales de la década de 1990.

Pateras

Aunque las primeras pateras aparecieron en 1994 en la isla de Fuerteventura, su auge se produjo tras la construcción de la vallas de Ceuta y Melilla citadas en el punto anterior y fue una alternativa a las mismas. En esta nueva situación ya no valían las medidas coercitivas –una vez en el mar, no se puede rechazar a los migrantes sino que hay que rescatarlos–, lo cual produjo un efecto llamada, también acrecentado por el floreciente negocio que suponía para las mafias. Aumentó la demanda y por tanto aumentó la oferta. La actuación española se centró en la colaboración con los países ribereños de salida (dejando la cuestión del Sáhara aparte, Marruecos y Mauritania) con efectos limitados y en la creación del SIVE (Sistema Integrado de Vigilancia Exterior) a partir de 2001, aunque inicialmente solo contó con equipos móviles y capacidad limitada, y finalizado en 2013.

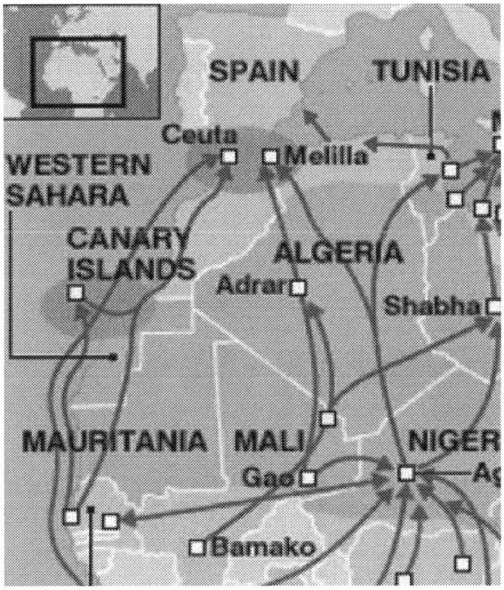

En 2005, el gobierno español llegó a un acuerdo con su homólogo marroquí en cuanto a control fronterizo y repatriaciones lo que, unido a la paulatina puesta en marcha del SIVE en el Estrecho de Gibraltar, provocó una reducción en el número de pateras. La inmigración irregular tuvo que encontrar otra alternativa y esta se produjo mediante los cayucos cuyo incremento en las Islas Canarias fue espectacular.

Cayucos

En 2006 se produjo la llamada "crisis de los cayucos" en la que una avalancha de estas embarcaciones, que partían desde países más lejanos gracias a un reinventado negocio para las mafias que llegaron a utilizar barcos nodriza. A la cuestión de que ya no servían medidas coercitivas como las vallas –en la mar lo único que se puede hacer es rescatarlos y traerlos a España– se unió el desconocimiento de la procedencia de las embarcaciones lo que, unido al desconocimiento del país de origen de los que iban en ellas, cuestión de la que los emigrantes económicos se preocupan de ocultar para poder pedir asilo, impedía la devolución de los rescatados. De hecho, en 2014, de los casi 30.000 subsaharianos que entraron ilegalmente en Europa, el 99% fue identificado simplemente como subsahariano, sin más especificaciones por no poder determinarse su nacionalidad[3].

2.2 Actuación española y europea

A medida que han ido cambiando las vías y las formas de entrada, España ha adaptado su actuación en consecuencia. De la colaboración política con Marruecos se pasó a la colaboración con Mauritania, punto desde que empezaron a salir las embarcaciones como alternativa a las salidas desde el país alauita, y en 2005 se reactivó un acuerdo para la repatriación de inmigrantes mauritanos y de otras nacionalidades que hubieran hecho el tránsito por ese país y, para poder hacerlo, España proporcionó el equipamiento técnico y formativo de las fuerzas mauritanas de control de fronteras ("donación" de un avión militar, cuatro patrulleras y un helicóptero para reforzar la vigilancia costera). Como una de las contraprestaciones, en 2006 se estableció un centro de detención de emigrantes clandestinos en la localidad mauritana de Nuadibú.

Nuevamente, los orígenes de las rutas hacia el archipiélago canario descendieron más hacia el sur, siendo Senegal y Cabo Verde los principales puntos de partida de los cayucos, sustitutos de las pateras, y se abrieron nuevas negociaciones con estos países subsaharianos. El Gobierno español creó los Planes África, siendo el primero entre 2006 y 2008 (como consecuencia de la crisis de los cayucos), otro en 2009/2012 y actualmente en vigor está el del trienio 2013/2016. Dichos planes tienen dos objetivos: la cooperación al desarrollo y la cooperación en materia migratoria. En el primero se firmaron acuerdos migratorios con Mauritania, Cabo Verde, Gambia, Guinea Bissau, República de Guinea, Mali, Níger, Nigeria y Senegal) y acuerdos de cooperación (con Mali, Níger y Senegal).

El gobierno español pasó de destinar un 16,8% de su Ayuda Oficial al Desarrollo (AOD) en 2004 a países de África Subsahariana a un 22,3% en 2008. La finalidad del primer plan (IPA) era el desarrollo pero, en cierta forma, estaba condicionada por la política española de control de fronteras. La principal consecuencia fue el descenso de la llegada de cayucos a Canarias.

En Europa, España trató de fomentar la responsabilidad compartida en el seno de la UE. El 26 de octubre de 2004 se creó la FRONTEX (European Agency for the Management of Operational Cooperation at the External Borders of the Member States of the European Union) cuyo objetivo era únicamente el de ejercer funciones de coordinación, armonización de normas comunes, operaciones de retorno, cooperación de servicios de aduanas, mercancías, etc., para agilizar la aplicación de las disposiciones comunitarias al respecto. Es decir, pocas –por no decir

3 Frontex (2015).

nulas— medidas de ejecución y en la práctica los países sufridores de las avalanchas migratorias (España, Italia y Grecia) actuaron aisladamente.

El éxito de las medidas españolas ocasionó que la presión de los flujos migratorios ilegales se desplazara a las otras rutas de entrada a Europa: la ruta del Mediterráneo central (la que, partiendo de Libia, alcanza las costas italianas) y la ruta este (la que, a través de Turquía, alcanza territorio griego ya sea por tierra o por mar).

Ilustración 4. Rutas de migración a Europa

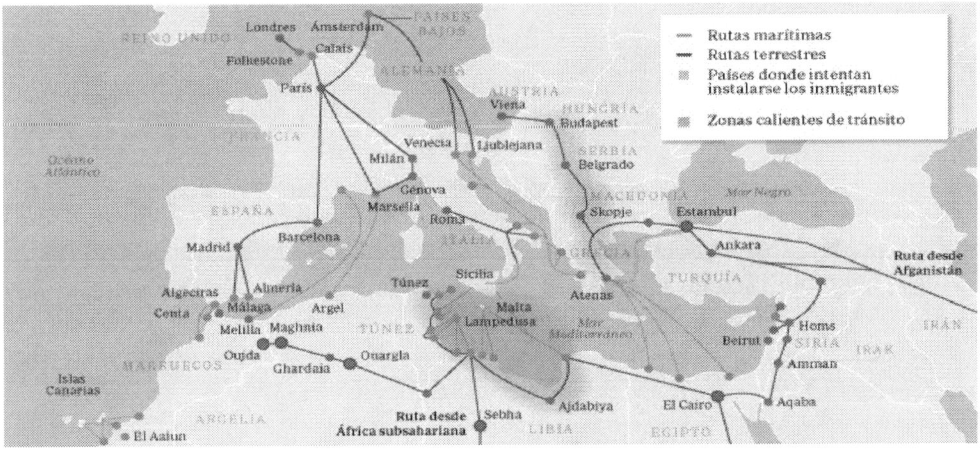

Fuente: Calero, F. (2015)

En diciembre de 2007, el gobierno italiano firmó un acuerdo con el presidente libio Gadafi para frustrar interrumpir la ruta central; acuerdo perfeccionado en 2009 por Berlusconi en el que se detalló un protocolo de actuación.

Estas políticas llevadas a cabo se basaron en dos ideas: "a más desarrollo menos migración", acorde a un enfoque global; y "ayudar a los que nos ayuden", acorde a los acuerdos descritos. El resultado de la disminución de los flujos en el Mediterráneo central fue que la presión se trasladó a Grecia, por donde, en 2009 entraron decenas de miles de migrantes irregulares procedentes de Turquía, tanto por tierra como por mar.

La tragedia de Lampedusa de 2013 obligó a Italia a ejecutar la operación *Mare Nostrum* hasta el 2014 en la que la Marina Militar italiana se dedicó a socorrer y rescatar a las víctimas de naufragios. Italia, al igual que hizo España en la crisis de los cayucos de 2006, pidió ayuda a la Unión Europea y FRONTEX se hizo cargo con las operaciones *Tritón* y *Poseidón*, cuyos medios eran mucho menores que los empleados por el país transalpino.

Según FRONTEX, en 2014 más de 220.000 personas intentaron entrar en suelo europeo por mar y 60.000 por tierra y más de 600.000 pidieron asilo político, un 41% más que en 2013. En los primeros nueve meses de 2015, mientras que la entrada ha sido casi nula por la ruta española, por las rutas marítimas del centro y del este han entrado más de 520.000 personas, mayoritariamente por Grecia. La mayoría supuestamente huyen de conflictos como el de Siria pero, según FRONTEX, solo el 62% de los que utilizaron la ruta griega eran sirios, porcentaje que disminuye al 23% de los que utilizaron la ruta libia ya que tanto Egipto como Argelia les requieren un visado para pasar por su territorio, lo que no hace Turquía. En 2014, los principales países de origen de estas personas eran Siria, Eritrea, Afganistán, Kosovo, Mali, Pakistán, India, Marruecos e Irak[4].

Nuevamente, en verano de este 2015 se ha producido una crisis con el éxodo de sirios por la ruta del este. Bien conocidas han sido las desavenencias de los países de la Unión Europea: desde la no aceptación del cupo de refugiados, al aceptar solo a los cristianos o levantar alambradas para impedir su paso. Incluso países que mostraron su buena voluntad para facilitarles el tránsito, se vieron desbordados por la avalancha. En mayo de este año, Grecia se quejaba de haber sido abandonada por la UE e Italia amenazaba con actuar unilateralmente ya que, si en los cinco primeros meses de 2014 entraron 54.000, en los mismos de 2015 lo hicieron 57.000 por lo que la UE no había tomado medidas acertadas dado que no habían disminuido. A finales de septiembre, la cifra se había elevado a 130.000.

Aparte de la saturación de estos dos países, la Unión Europea ha sufrido una nueva crisis interna motivada por el reparto de los refugiados entre sus miembros. En septiembre de este año, se ha acordado el reparto de 120.000 refugiados en dos años cuando solo en 2015 han entrado 522.000.

Ilustración 5. La migración en 2015 (enero-septiembre)

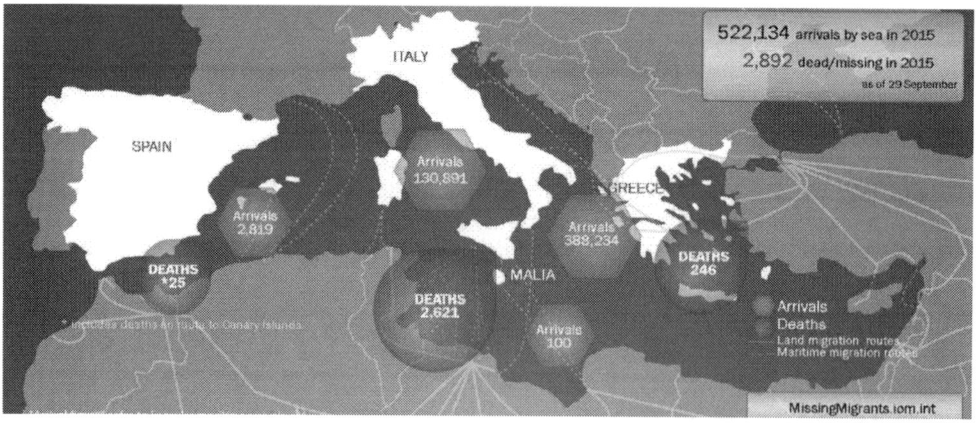

Fuente: http://missingmigrants.iom.int/

4 Ibídem.

En octubre de 2015 ha comenzado la operación "Sofía" de la EUNAVFOR-MED, con buques de España, Francia, Alemania, Inglaterra e Italia en la que se combate directamente a las mafias de la costa libia.

3. EL FACTOR POTENCIADOR: EL YIHADISMO

Como se ha evidenciado en las últimas avalanchas, a los motivos puramente económicos de los migrantes, se unen los causados por los conflictos y la falta de seguridad en determinados países, lo que ha causado que determinados movimientos ocupen el vacío dejado por los gobiernos. Con independencia del porcentaje de migrantes que realmente tienen derecho a pedir asilo, es innegable que el extremismo potencia la migración.

La debilidad de los estados por la inestabilidad política, la mala gobernanza, la corrupción, la pobreza y el subdesarrollo, generan unos sentimientos de frustración social que los yihadistas explotan para captar adeptos entre la población musulmana. Además, los grupos yihadistas africanos han incrementado su poder económico gracias a su incursión en las intricadas redes del crimen organizado.

Por ceñirnos a África, los principales son:

4.

- La milicia islamista Al Shabab en Somalia, vinculad Al Qaeda y con actuaciones en Uganda (2010) y últimamente en Kenya (abril de 2015, asalto a la universidad de Garissa con 147 muertos y más de 500 desaparecidos).
- Boko Haram (que significa literalmente "la educación occidental es pecado") en Nigeria, recientemente aliado al Estado Islámico.
- El triángulo de crimen organizado que forman el norte de Mali, el sur de Argelia y el norte de Níger, los yihadistas de Al Qaeda en las Tierras del Magreb Islámico (AQMI) y sus principales aliados, el Movimiento por la Unificación de la Yihad en África Occidental (MUJAO) y Ansar Dine.
- El Estado Islámico que, desde mediados de 2014, se enfrenta a la originaria Al Qaeda, antes aliada. Cuenta con grupos de cierta entidad en Libia y alguna presencia en Argelia.

4. CONCEPTOS DE FRONTERA AVANZADA Y ESTRECHO AMPLIADO

Las barreras puestas en las mismas fronteras exteriores de Europa no sirven para frenar, por si solas, la migración. Trasladar la presión migratoria a los países vecinos es solo el traspaso de un problema que crece inexorablemente hasta tal punto que no será compensado por las ayudas europeas y estos países habrán de volver a trasladar el problema, bien expulsando a los migrantes a terceros países, bien relajando su papel de guardianes exteriores de las fronteras europeas.

La solución pasa por acabar con el problema en su origen y, como propugna la Estrategia de Seguridad Nacional, contrarrestar tanto la amenaza –el flujo migratorio irregular– como el factor potenciador –el extremismo ideológico, que en este caso es el yihadismo–.

En el caso del Sahel, la actuación española ya se llevaba haciendo parcialmente desde 2006 con los Planes África y la colaboración con los países subsaharianos enfocada a prevenir los flujos. Sin embargo, en enero de 2013, los movimientos yihadistas asentados en el norte de Mali: Al Qaeda del Magreb Islámico, MUJAO y Ansar Dine lanzaron una ofensiva contra la capital, Bamako, que encendió todas las alarmas, y precipitó la intervención de Francia. Con la Operación Serval, las tropas francesas, junto con las de Mali y las del Chad consiguieron parar la ofensiva y recuperar todos los enclaves norteños.

El yihadismo, de no haber sido combatido, podía haberse implantado en Mali y de ahí, expandirse a otros países del Sahel por lo que las medidas llevadas a cabo por España desde 2006 para fomentar el desarrollo hubieran perdido su eficacia y se hubiera producido un nuevo éxodo, no ya de migrantes por motivos económicos, para los que estaban pensadas esas medidas, sino de refugiados a los que las leyes nos obligan a acoger.

Entonces nace el concepto de Frontera avanzada que es el "enclave que el Ejército de Tierra marca en sus cartografías como la frontera avanzada donde nuestro país dirime su seguridad nacional"[5]. El concepto no es fruto de una idea teórica a partir del cual se desarrollan la normativa operativa sino que ha sucedido al revés, los hechos reales han determinado dónde hay que situar la frontera avanzada.

De forma similar, la Armada española, que tradicionalmente ha tenido el Estrecho de Gibraltar como uno de sus objetivos principales, tiene su concepto de Estrecho ampliado ya que contempla que la seguridad y la defensa de España se focalizarán durante las próximas décadas en la zona delimitada por las Azores, las Canarias, el Golfo de Guinea, el Sahel y el Magreb, a fin de prevenir que la inseguridad que allí se genere acabe desestabilizando a sus aliados regionales y afectando a su propia seguridad.

Actualmente ambos conceptos se están aplicando en el Sahel, Cuerno de África y Golfo de Guinea aunque la nueva operación naval "Sofía" de la UE para combatir a las mafias que trasladan a los migrantes desde la costa de Libia se puede considerar derivada del mismo concepto.

---

5 Estado Mayor de la Defensa (2015), *El Sahel, frontera avanzada del Ejército*, http://www.emad.mde.es/DOCUMENTOS-INTERES/documentos/documentosEMAD/listado/150330-rne-radio-5.html

5. PARTICIPACIÓN DE LAS FAS ESPAÑOLAS

Si bien se han enmarcado la amenaza y el factor potenciador dentro de Estrategia de Seguridad Nacional española, estos problemas son también problemas europeos por lo que la UE tiene su propias estrategias: "Estrategia para el desarrollo y la seguridad en el Sahel" y "Estrategia para el Golfo de Guinea" y ha puesto en marcha una serie de operaciones en las que participan las FAS españolas.

5.1. EUTM Mali (European Union Training Mission in Mali)

En Mali operan cuatro organizaciones: MINUSMA, de la ONU; las tropas francesas; y la EUTM y la EUCAP, de la UE. Cada una tiene su misión y aunque existe colaboración y coordinación entre ellas, son independientes. En la actualidad, la lucha contra los grupos yihadistas está en manos de la operación *Barkhane*, heredera de la operación *Serval* aunque con menos fuerzas francesas (800 soldados); los cascos azules de MINUSMA y fuerzas regulares malienses, instruidas por la misión europea EUTM Mali, en la que participa España. La primera sí tiene como objetivo principal combatir a los yihadistas. La segunda tiene un objetivo más amplio: verificar que se cumple el acuerdo de paz y no entrará en combate si no es necesario para su seguridad y la tercera, la EUTM, no está pensada para combatir ni autorizada a ello, solo para instruir a las Fuerzas Armadas de Mali para que puedan ser un verdadero medio de su gobierno con el que crear seguridad.

5.2 EUCAP Mali

Posteriormente, la UE creó la EUCAP Sahel Mali que no es sino el correspondiente organismo civil para el entrenamiento policial, al igual que la EUTM lo es para el militar. Entrena a la Policía, la Gendarmería y la Guardia Nacional y se creó basándose en la EUCAP Sahel Nigeria, creada a su vez en 2012[6].

Ambas organizaciones europeas se encuadran en el marco de la Política Común de Seguridad y Defensa (CSDP) de la UE y un matiz importante es que el objetivo de ambas no es combatir a las amenazas del gobierno sino asesorar a las instituciones malienses sobre cómo combatirlas.

6 Mission civile EUCAP Sahel Mali (2015). http://eeas.europa.eu/csdp/missions-and-operations/eucap-sahel-mali/docs/factsheet_eucap_sahel_mali_fr.pdf

5.3 Misión Atlanta y EUTM Somalia (European Union Training Mission in Somalia)

Somalia no está situada en el Sahel sino en otra zona de interés, el Cuerno de África y la implicación de las FAS españolas en la región también obedece al principio de atacar el problema de raíz ante otra amenaza contemplada en la Estrategia de Seguridad Nacional, la vulnerabilidad de los espacios marítimos.

En 2008, el incremento de la piratería en el Índico propició el lanzamiento, por parte de la UE, de la operación Atalanta para proteger el tráfico marítimo contra los piratas somalíes[7]. La operación Atalanta, en la que una flota de buques empezó a patrullar la zona contenía el problema pero no lo erradicaba y, habiendo sido un éxito, se tenía que atacar el problema de raíz, es decir, ayudar a Somalia para que dejara de ser un estado fallido y pudiera controlar la costa desde donde salían los piratas.

En 2010 se creó la EUTM Somalia para entrenamiento de las FAS somalíes. Dadas las paupérrimas condiciones de seguridad, el entrenamiento se realizo inicialmente en Uganda hasta 2013, año en que se trasladó a la propia Somalia. En este caso, la fuerza de choque que intervino contra Al Shabab fue el ejército de Kenia quien, en septiembre de 2012 atacó la ciudad portuaria de Kismayo, baluarte de Al Shabab.

5.4 EUCAP NESTORTM

Misión de la UE de carácter civil no ejecutiva, aunque cuenta con personal de la Armada española, para el fortalecimiento de las capacidades marítimas en la región del Cuerno de África. Inicialmente, desde julio de 2012, se focalizó en Somalia, Djibuti y Seychelles pero con la previsión de incluir a otros países como Tanzania y Kenia. Al ser no ejecutiva, no participa en la lucha contra la piratería, solo en el asesoramiento para complementar a la operación Atalanta y a EUTM Somalia.

5.5 EUMAM RCA (European Union Military Advisory Mission in the Central African Republic)

A principios de 2014, el agravamiento de la situación en la República Centroafricana, afectada por el colapso del orden público, la ausencia del estado de derecho y tensiones sectarias que podían desestabilizar toda la zona del África central, llevó a la UE al envío de una fuerza (EUFOR RCA), en apoyo a la Misión Internacional de Apoyo a la República Centroafricana (MISCA) en su transición a

---

7 Actualmente hay tres coaliciones navales que combaten la piratería: Misión Atalanta, liderada por la UE, Fuerza Combinada (Task Force 151), liderada por EE.UU. y la operación *Ocean Shield*, liderada por la OTAN.

MINUSCA, ambas operaciones de la ONU bajo liderazgo africano, y de las fuerzas francesas ya desplegadas para proporcionar seguridad a la capital, Bangui.

El despliegue de EUFOR RCA era temporal y una vez que MINUSCA fue desplegada, en abril de 2014, la Unión Europea ha transformado la misión, del carácter ejecutivo de EUFOR RCA a la EUMAM RCA, en marzo de 2015, cuya misión ya no es ejecutiva sino de asesoramiento en el campo de la seguridad, fundamentalmente el de las Fuerzas Armadas.

6. LA PARTICIPACIÓN ESPAÑOLA BAJO EL CONCEPTO DE ESTRECHO AMPLIADO

El enfoque global no sería completo solo con las operaciones anteriormente descritas, mayoritariamente terrestres. El Golfo de Guinea es la tercera zona contemplada por la Estrategia de Seguridad Nacional. En 2014, la estrategia de la UE para el Golfo de Guinea estableció que entre las principales amenazas estaban el tráfico de inmigrantes, la piratería y el robo a mano armada de cargamentos marítimos, es decir confluyen dos amenazas contempladas en la estrategia española: la vulnerabilidad del espacio marítimo y los movimientos migratorios ilegales.

Hay que cooperar con los países ribereños del Golfo de Guinea para desarrollar sus capacidades y contribuir a la seguridad marítima regional, lo que a su vez repercute en el incremento de la seguridad de España.

El descenso de la actividad en la costa este de África, gracias a las operaciones ya mencionadas, ha coincidido con una mayor presencia de piratas en las costas de África occidental pero la motivación de los piratas ya no es la obtención de un rescate a cambio de la liberación de rehenes sino la obtención ilícita de petróleo, verdadero sostén de las economías de la zona, que acaba en el mercado negro.

Este año de 2015, la Unión Europea ha aprobado un Plan de Acción para el Golfo de Guinea (2015–2020) en el que aboga por aprovechar la experiencia de las misiones en el Cuerno de África e insiste en la construcción de capacidades marítimas en los estados costeros que sufren la piratería, es decir construir una "EUCAP NESTORTM Guinea" ya que actualmente no se ha llegado a ese nivel de ambición.

Las acciones realizadas hasta ahora por las Fuerzas Armadas españolas son las siguientes:

6.1 Participación en la APS (Africa Partnership Station)

La APS es una iniciativa del AFRICOM de EE.UU. que pretende incrementar la estabilidad y seguridad marítima en la zona del Golfo de Guinea, aumentando las capacidades operativas de las naciones ribereñas mediante la realización de ejercicios de adiestramiento conjuntos[8].

6.2 EUNAVFOR-MED (European Union military operation in the Southern Central Mediterranean)

El 7 de octubre de 2015 se ha puesto en marcha la EUNAVFOR-MED, con buques de España, Francia, Alemania, Inglaterra e Italia en la que se combate directamente a las mafias de la costa libia. Su objetivo militar es identificar, capturar y deshacerse de los medios que usen o se sospeche que usen los contrabandistas y los traficantes de inmigrantes[9].

7. COLABORACIONES

Además de lo anterior, España lleva a cabo colaboraciones bilaterales mediante ejercicios o formación específica con países como Cabo Verde, Senegal o Mauritania.

EPÍLOGO

El concepto de Frontera Avanzada obedece a una necesidad no cubierta hasta ahora pero su aplicación, a fecha de hoy, es muy limitada, sobre todo comparando la actuación de otros países como Francia. Si bien se puede considerar acertada la actuación española para frenar los movimientos migratorios hacia España procedentes de África, la entrada en juego de movimientos extremistas y la migración relacionada con el conflicto de Siria dejan entrever que, junto con el resto de la UE, España habrá de implicarse más para defender esa Frontera Avanzada.

8 http://www.africom.mil/what-we-do/security-cooperation-programs/africa-partnership-station

9 http://www.eeas.europa.eu/csdp/missions-and-operations/eunavfor-med/index_en.htm

BIBLIOGRAFÍA

- BRACHET, J. (2013) Le Sahara, une frontière migratoire européenne en Afrique, Histoire & Geographie, http://www.hglycee.fr/?p=205#more-205.
- CALERO, F., (2015, 28 de agosto) Odisea hacia Europa: las rutas de los refugiados para sobrevivir, ABC.es, http://www.abc.es/internacional/20150828/abci-mapa-rutas-inmigracion-europa-201508280935.html
- DINUCCI, M. (2015), Ce dont l'Italie doit vraiment avoir honte, Reséau Voltaire, http://www.voltairenet.org/article180459.html
- Frontex | Publications - Risk analysis (2015), Annual Risk Analysis 2015, http://frontex.europa.eu/assets/Publications/Risk_Analysis/Annual_Risk_Analysis_2015.pdf
- Harding, J. (2012), Europe at Bay: The Immigration Battle, London review of books, http://www.lrb.co.uk/v34/n03/jeremy-harding/europe-at-bay
- MORICE, A. y RODIER, C. (2010), Comment l'Union européenne enferme ses voisins, Le Monde diplomatique (junio 2010), pp. 17.
- RAMOS, F. (2014), ¿Es posible otra política migratoria en la UE?, Historia económica. Globalización y desarrollo, http://globalhisco.blogspot.com.es/2014/11/es-posible-otra-politica-migratoria-en.html
- RUIZ, F. (2015), La estrategia de la Unión Europea contra el yihadismo en tiempos de ISIS, IEEE, http://www.ieee.es/Galerias/fichero/docs_marco/2015/DIEEEM17-2015_Estrategia_UE_Yihadismo_RuisGranado.pdf

EL DISPOSITIVO MILITAR ESPAÑOL EN GUINEA ECUATORIAL

Alberto Rico Sánchez
Doctorando en Humanidades, Universidad Rey Juan Carlos

1. GUINEA: LA GUARDIA COLONIAL

En 1904 se creó mediante la Ley de Presupuestos en ejercicio la *Policía Indígena*, cuyo mando e instrucción se encomendó a miembros de la Guardia Civil (Geijo, 1914). Apenas tres años después, se dispuso por el Ministerio de la Guerra la reorganización de esta fuerza, que pasó a denominarse *Guardia Civil de los Territorios Españoles del Golfo de Guinea.* Inicialmente, contaba con una plantilla de 112 hombres. Sus misiones fueron similares a las que ya desempeñaba la Institución en España, estableciendo sus destacamentos en las poblaciones de Santa Isabel y San Carlos (en la isla de Fernando Poo) así como en las islas de Elobey Grande y Annobón.

El desarrollo de la estructura colonial motivó que en 1908 se creara la *Guardia Colonial de los Territorios Españoles del Golfo de Guinea.* Contaba con una plantilla de 430 hombres, tanto europeos como indígenas. Su inspector nato era el gobernador general de los referidos territorios. Como jefe operativo contaba con un Teniente Coronel de la Guardia Civil. Los oficiales e instructores, procedían de la Guardia Civil. Todas estas vacantes eran asignadas a la Institución según la Ley de 12 de diciembre de 1907. La tropa continuaba siendo indígena. El despliegue de la Guardia Colonial obedecía al mismo esquema que en la metrópoli: compañías, líneas o secciones y puestos completaban todo el territorio. Sus cabeceras de compañía eran: Santa Isabel, Bata, Ebebiyín, Evinayong y Micomeseng. La dispersión se completaba del siguiente modo (Aguado, 1985, t 4, pp. 173-176.):

- *Sta. Isabel*: Santa Isabel, San Carlos, Basacato-oeste, Claret de Batete, Concepción, Musola Moka, Basupú-este, Zaragoza, Rebola, Santiago-Baney, Basacato de la Sagrada Familia.
- *Bata*: Bata, Benito, Cogo, Bata -Río-Campo, Cogo-Puerto Iradier.
- *Ebebiyín*: Ebebiyín, Mongomo, Nsork, Bi abiyan, Alén, Guadalupe, Aconibe.
- *Evinayong*: Sevilla de Niefang, Evinayong, Acurenam.
- *Micomeseng*: Añisoc-Valladolid de los Bimbiles, Micomeseng Embe, Afanengui, Beaop.

En la desaparecida Guinea Española, buena parte de la legislación hacía referencia a la función de las fuerzas armadas, a los integrantes de las mismas y a su despliegue (Cervera, 1964b). Detallando, por tanto, las primeras fuerzas de Infantería de Marina (Rico, 2008, pp. 399-403), la Guardia Colonial o las unidades de la Armada allí desplegadas[1]. Hasta 1934 no existieron en Guinea las administraciones territoriales, asumiendo cada oficial colonial la práctica totalidad de las funciones gubernativas dentro en su demarcación[2]. En 1935 se dispuso la separación de competencias entre la Guardia Colonial y cada administrador.

En 1936, las nuevas autoridades publicaron varias disposiciones referentes a la Guardia Colonial. Este Instituto Armado asumiría funciones relacionadas con la comandancia militar, la auditoria de guerra[3], la simbología del nuevo estado (Álvarez, 2010, pp. 70-75), la intervención de armas y explosivos o el control de la prensa y propaganda. Pero el marco jurídico fundamental para Guinea en el franquismo (Fraile, 1961) fue la Ordenanza General de 27 de agosto de 1938; la ley de 30 de junio de 1959 sobre organización y régimen jurídico de Fernando Poo y Río Muni; el decreto de 31 de marzo de 1960 sobre gobierno y administración de ambas provincias; la ley 191/63 de 20 de diciembre, promulgando la ley de Bases del Régimen Autónomo; así como el decreto 1.885/1964 de 3 de julio, por el que se aprobó la ley articulada sobre el Régimen Autónomo de Guinea Ecuatorial. Tras la declaración de independencia el 12 de octubre de 1968, hay que tener en cuenta, las normas provisionales incluidas en el protocolo y acto de entrega de poderes,

---

1 Se trataba de personal indígena, barcos de estación, resguardos e instalaciones científicas, etc. (Rico, 2011, pp. 605-606).

2 Estos oficiales eran denominados, por la población indígena, *capitán* (o teniente) *del campamento*. (Cervera, 1964a).

3 Se denominaba *auditor de guerra* a aquel funcionario del cuerpo jurídico militar que informaba sobre la interpretación o aplicación de las leyes y proponía la resolución correspondiente en los procedimientos judiciales y otros instruidos en el ejército o región militar donde tenía su destino.

relativas a las Fuerzas Armadas españolas, y al personal militar español dependiente del nuevo Gobierno ecuatoguineano. Este amplio abanico legislativo repercutió en las Fuerzas Armadas españolas, primero en los Territorios Españoles del Golfo de Guinea, más tarde en las provincias africanas de Fernando Poo[4] y Río Muni[5], así como en el posterior Régimen Autónomo de Guinea Ecuatorial, para finalizar en la transmisión de poderes tras la independencia.

En 1940, la Guinea Española era un enclave estratégico de difícil defensa para la España franquista. Desde 1939, al finalizar la contienda española, la Guardia Colonial había visto reducidos sus efectivos a cuatro compañías[6], con un despliegue estratégico que situaba a la primera unidad en Santa Isabel, permaneciendo tres compañías en el continente, cuyas cabeceras estaban en las poblaciones de Bata, Evinayong y Micomeseng. Esta Guardia Colonial contaba con un total de 13 secciones[7] y 32 puestos[8], y con una plantilla de 488 guardias indígenas. Debido a esta escasez de efectivos, y durante las hostilidades, fueron reforzados algunos puestos fronterizos del continente. Alguno de los combatientes en liza podía ocupar el territorio, sin mucha dificultad, penetrando a través de Camerún, o de Gabón. Se amplió, por tanto, a cinco el número de compañías existentes, creándose la de Ebebiyín, importante poblado situado estratégicamente en el ángulo noroeste del espacio ecuatoguineano, en la frontera con Camerún y Gabón. Este mismo esquema, junto con el posterior refuerzo de las *Compañías Móviles*, hubo de mantenerse hasta la independencia de Guinea, asignando a cada cabecera y sección un distrito, con un número variable de puestos. El despliegue de la Guardia Colonial obedecía al mismo esquema que tenía la Guardia Civil en la metrópoli: compañías, líneas o secciones y puestos completaban todo el territorio. Su dispersión era la siguiente (Aguado, 1985, t 4, pp. 174.):

4 La *provincia de Fernando Poo* era una de las dos que constituían la Guinea Española. Su capital era la ciudad de Santa Isabel de Fernando Poo (actualmente Malabo). Tenía una superficie aproximada de 2.034 km^2, comprendiendo las islas de Fernando Poo (2.017 km^2) y, ya en el hemisferio sur, Annobón (17 km^2).

5 La *provincia de Río Muni* era una provincia de la antigua Guinea española que incluía la Región Continental de la actual Guinea Ecuatorial. Limitaba con los territorios de Gabón y Camerún, siendo su capital administrativa la ciudad de Bata. Tenía una extensión aproximada de 26.017 km^2, y comprendía a las islas de Corisco y las de Elobey. Otras localidades de importancia eran: Evinayong, Ebebiyín, Cogo, Acurenam, Mongomo, Micomeseng, Sevilla de Niefang, Valladolid de los Bimbiles y Rio Benito.

6 *Compañía* es el término adoptado, en el ejército español, por aquella unidad de infantería, compuesta de varias secciones, y mandada, generalmente, por un capitán. Estas unidades constituían la fuerza principal de la Guardia Colonial sobre el territorio.

7 En la Guardia Colonial se conocía por tal a una pequeña unidad homogénea, que formaba parte de una compañía, y solía estar al mando de un teniente o brigada.

8 *Puesto* era la unidad básica dentro de la Guardia Colonial. Cada destacamento estaba mandado por un *comandante de puesto* cuyo empleo era inferior al de oficial.

- *Compañía de Sta. Isabel*: Santa Isabel, San Carlos, Basacato-oeste, Claret de Batete, Concepción, Musola Moka, Basupú-este, Zaragoza, Rebola, Santiago de Baney, Basacato de la Sagrada Familia.
- Compañía de *Bata*: Bata, Benito, Cogo, Bata -Río-Campo, Cogo-Puerto Iradier.
- *Compañía de Ebebiyín*: Ebebiyín, Mongomo, Nsork, Bi abiyan, Alén, Guadalupe, Aconibe.
- *Compañía de Evinayong*: Sevilla de Niefang, Evinayong, Acurenam.
- *Compañía de Micomeseng*: Añisoc-Valladolid de los Bimbiles, Micomeseng Embe, Afanengui, Beaop.

En 1942, para evitar la indefensión de la isla de Fernando Poo, el Gobierno envió una agrupación[9] del Ejército de Tierra, formada con personal de Infantería, Artillería, y Servicios (Intendencia, Sanidad y Farmacia). Esta agrupación temporal permaneció en la isla de Fernando Poo hasta 1944, contando con unos medios modernos [10] para el momento. En Madrid, el Gobierno temía tanto un desembarco británico en la isla de Fernando Poo como una invasión del continente por las fuerzas de la Francia Libre, desde el África Francesa[11]. En medio de esta conflictiva situación, se redactó, en 1941, un proyecto de Reglamento para la Guardia Colonial, reformando parcialmente la reglamentación de 1908 (Dirección, 1929). Años después, en 1946, fue publicado un nuevo Reglamento:

El Cuerpo de la Guardia Colonial tiene por misión la defensa del territorio, imponer respeto a la ley, conservar el orden y, por medio de las administraciones regionales y territoriales a su cargo, servir de escalón al mando, y garantizar el cumplimiento de cuantas disposiciones existan o se dicten para regular la buena marcha de la colonización y gobierno de los territorios. (Núñez, 2000, pp. 23-25).

Aparecía, pues, junto a la figura del jefe militar, la del administrador territorial, o delegado gubernativo, con amplias competencias administrativas, educativas, correctivas e incluso judiciales. La *Guardia Colonial de los Territorios Españoles del Golfo de Guinea* dependía orgánica, y administrativamente, de la Presidencia del Gobierno, a través de la Dirección General de Marruecos y Colonias, y su inspección era realizada por el Gobernador General. Esta redistribución supuso que el

9 Unidad homogénea, de importancia semejante a la de un regimiento pero con mayor autonomía para efectuar operaciones bélicas.

10 Estas fuerzas contaban con 8 cañones de 70 mm, 2 cañones de 107 mm, 2 cañones de 76,2 mm, 18 cañones contracarro de 37 mm, 8 morteros de 81 mm, 34 ametralladoras, 746 mosquetones, 45 camiones, 4 tractores, 3 camionetas, 3 automóviles ligeros y 4 motocarros (Sequera, 2005, pp. 23-27).

11 *Francia Libre* era la denominación adoptada por el gobierno francés en el exilio, fundado por Charles de Gaulle en 1940, y que se ubicaba, inicialmente, en Londres.

mando operativo recayera en un Jefe del Ejército, al tiempo que sus oficiales y suboficiales serían reclutados entre el Ejército de Tierra, Ejército del Aire, Cuerpo de Infantería de Marina y Guardia Civil. Mientras tanto, las clases e individuos de tropa continuaban siendo indígenas en su mayoría. Su organización continuó siguiendo el modelo de la Guardia Civil.

El Reglamento de 1946 creaba el distintivo de la Guardia Colonial y disponía que el mando directo de la Institución estuviese encomendado al Ejército de Tierra, aunque en disposiciones anteriores se estipulase que tal mando lo ejercería un jefe de la Guardia Civil. Los oficiales de la Guardia Colonial ostentaban atribuciones tanto militares como otras propias de la administración civil. Cambiaban frecuentemente de destino, justificándose muchos cambios por la necesidad de cubrir las vacantes producidas por el disfrute de la licencia colonial[12]. No obstante, en ocasiones, algunas jefaturas se asignaban con cierto carácter estable, sobre todo en aquellos destinos que, por las características de la demarcación, así lo aconsejasen. La concesión de estos destinos debía favorecer que los jefes se familiarizaran, y convivieran, con los nativos de la demarcación, mediando en sus infraestructuras, y aconsejando en sus *palabras*[13].

2. LA GUARDIA TERRITORIAL

El proceso de descolonización fue alentado, en 1960, por la Asamblea General de la ONU (Martínez, 1995, pp. 95-96). El gobierno español se mantuvo en un difícil equilibrio dentro del ámbito de Naciones Unidas. Por una parte, negaba la existencia de colonias españolas en África, mientras que reconocía la exigencia de los pueblos africanos a su autodeterminación (Fernández-Aceytuno, 2007, pp. 30-35). Todo este proceso reformista afectó, tanto en la forma como en el fondo, al estatus de las fuerzas españolas de Guinea. Pero esta evolución militar, tanto nominal, como estratégica y de instrucción militar, no se llevó a cabo adecuadamente.

En 1956 los *Territorios Españoles en el Golfo de Guinea* se convirtieron en la *Provincia Española del Golfo de Guinea*, con lo que quedaba asimilada a España. Esta estrategia jurídica, denominada *provincialización*, vino a reforzar el carácter militar del Gobierno Colonial. Además, la *Dirección General de Marruecos y Colonias,*

12 Todo el personal europeo destinado en la Guinea Española tenía derecho a seis meses de permiso, retribuidos, tras año y medio de campaña ininterrumpida en la colonia. (Núñez, 2000, p. 23).

13 Las *casas de la palabra*, conocidas como *abha*, son los lugares, en el ámbito rural guineano, donde los ancianos se reúnen para arbitrar en pleitos, así como transmiten los valores propios a los más jóvenes de cada poblado.

pasó a denominarse *Dirección General de Plazas y Provincias Africanas*[14], apostando por una asimilación al modo del Ultramar portugués (Cueto, 2011, pp. 161-200). Al mismo tiempo, comenzaron a sucederse las independencias de Nigeria, Camerún y Gabón. Esta coyuntura política favoreció, quizás, la aprobación de la *Ley de Organización y Régimen Jurídico de las Provincias Africanas*, de 30 de julio de 1959, por la que los territorios guineanos alcanzaron la plena asimilación de provincias españolas, integradas en la denominada *Región Ecuatorial*[15]. Dicha ley supuso, entre otros aspectos, la aparición del gobernador civil de la Provincia de Río Muni, y la creación de dos Diputaciones Provinciales[16]. En el ámbito militar, la Guardia Colonial se transformó en *Guardia Territorial*, sustituyendo la "C" de su distintivo por una "T". Del mismo modo, los oficiales de la Guardia Territorial se convirtieron en delegados gubernativos, representando al gobernador en cada una de las demarcaciones, ostentando, al mismo tiempo, funciones de defensa y seguridad pública. Pero los medios no cambiaron. El armamento reglamentario de la tropa indígena continuó siendo el mosquetón Máuser, modelo 1916, calibre 7,92 mm. Los mandos sustituyeron la pistola reglamentaria Astra por la Star, modelo Súper (Núñez, 2002, pp. 74-86). Sin embargo, el despliegue de las de la Guardia Territorial sufrió pocos cambios (Sequero, 2005, pp. 29-30):

- *1ª Compañía: Fernando Poco.* Cabecera en Santa Isabel donde radicaba la Jefatura y Plana Mayor de la Institución. Sección en Santa Isabel (destacamentos en Basacato del Este, Basupú del Este, Zaragoza, Rebola, Santiago Baney *y* Basacato de la Sagrada Familia), San Carlos (destacamentos en Basacato del Oeste, Claret de Batete, Concepción, Musola, y Moka).
- *2ª Compañía: Río Muni.* Cabecera en Bata, encargada del servicio en la costa y la ciudad. Sección en Río Campo (destacamentos en Río Campo, Río Benito y Cogo-Puerto Iradier).
- *3ª Compañía: Ebebiyín.* Tenía su cabecera en Ebebiyín. Sección en Ebebiyín (destacamentos en Biyabiyán y Alén), Mongomo de Guadalupe[17], Nsork (destacamento en Aconibe).

14 La Dirección General de Plazas y Provincias Africanas tenía su sede en el madrileño paseo de la Castellana, núm. 5.

15 Ley 46/1959, de 30 de julio, sobre organización y régimen jurídico de las Provincias Africanas y su representación en Cortes (BOE núm. 182, de 31 de julio de 1959).

16 Se denominaba así a aquella corporación elegida para dirigir y administrar los intereses de una provincia.

17 El distrito de Mongomo es la tierra natal de los presidentes Francisco Macías Nguema y Teodoro Obiang Nguema Mbasogo.

- *4ª Compañía: Evinayong.* Tenía su cabecera en Evinayong. Sección en Evinayong, Sevilla de Niefang (aeródromo de emergencia y *Academia Regimental Comandante Olaechea*[18]), Acurenam.
- *5ª Compañía: Micomeseng.* Tenía su jefatura en Micomeseng. Sección en Micomeseng (destacamentos en Embé, Afanengui, Beayop y Nsang), Valladolid de los Bimbiles-Añisoc (hospitalillo y aeródromo ligero).

Había que preservar la integridad territorial de las nuevas provincias españolas. Pero los síntomas de inestabilidad continuaron. Los focos de inconformismo en la población nativa, que ya contaba con líderes de alguna relevancia[19], preocupaban al Gobierno español. Esta inquietud condujo a una ligera mejora del dispositivo militar de Guinea. Era necesario evitar tanto posibles infiltraciones guerrilleras a través de las fronteras, como posibles movimientos subversivos internos[20].

3. LAS COMPAÑÍAS MÓVILES

En 1959, el Gobierno, consciente de las exigencias defensivas del territorio, creó la *Compañía Móvil de la Guardia Territorial*[21]. Pronto fueron dos las *Compañías Móviles*[22], llegando a sumar unos 600 hombres a la altura de 1968. La llegada de estas dos Unidades, como fuerza de reserva, tanto a Bata como a Santa Isabel supuso una dedicación a la aclimatación, al adiestramiento militar y a la instrucción en la lucha contraguerrillas. Sus misiones consistieron, fundamentalmente, en el mantenimiento del orden público. Para ello emplearon procedimientos que combinaban la vigilancia fronteriza con Camerún y Gabón. Sus fuerzas utilizaban *bases de parti-*

18 Esta escuela se encontraba próxima a la población de Sevilla de Niefang, siendo inaugurada el 30 de enero de 1967. Este centro formativo de la Guardia Territorial fue dedicado al vizcaíno comandante de infantería D. Basilio Olaechea Orruño, segundo jefe de la Guardia Territorial y fallecido a causa de una *culex* o *filariosis*. Hoja Matriz de Servicios de D. Basilio Olaechea Orruño. Segovia: AGMS.

19 Acacio Mañé Elá, Atanasio Ndongo Miyono y Enrique Gori Molubela eran algunos miembros destacados del movimiento independentista Cruzada Nacional de Liberación de la Guinea Ecuatorial, luego renombrado MONALIGE (Movimiento Nacional de Liberación de Guinea Ecuatorial).

20 En septiembre de 1951 varios seminaristas fueron expulsado del Seminario de Banapá por dirigir una huelga en protesta de la mala alimentación. Los revoltosos estaban vinculados al naciente movimiento independentista Cruzada Nacional de Liberación de la Guinea Ecuatorial. (Marín, 2014, p. 235).

21 En la Guardia Civil, y por ende en la Guardia Territorial, se calificaba con el adjetivo *móvil*, a toda aquella unidad polivalente y dinámica utilizada como fuerza de reserva ante cualquier eventualidad (Mena, 1968, pp. 8-9).

22 Cada una de ellas estaba formada por 3 Secciones de fusiles y 1 de armas pesadas. (Núñez, 2000, pp. 28-34.).

da equivalentes a las secciones, *puestos fijos* semejantes a la entidad de un pelotón[23] y *grupos de combate* móviles, de composición variable entre la sección y el pelotón. El éxito de las *Móviles* tuvo su reflejo en que las autoridades portuguesas buscaron organizar unidades semejantes (Oliveira, 2015, pp. 74-82).

La primera Compañía Móvil se componía de una plana mayor formada por 1 capitán, 4 tenientes, 1 oficial médico, 1 brigada, 11 sargentos, 1 practicante, 1 suboficial especialista, 29 cabos, 4 guardias primeros, 4 cornetas y 140 guardias segundos. Se hallaba ubicada en el Continente. Estaba formada por tres secciones de fusiles (armados con subfusiles *Star Z-45*) y una sección de armas pesadas. En cuanto al despliegue, la mayor parte se hallaba acantonada en Bata, el resto estaba repartido en algunos destacamentos fronterizos, ubicados en los distritos de Micomeseng, Ebebiyín, Mongomo, Puerto Iradier (Cogo) y Acurenam. Ya en abril de 1960, las fuerzas españolas se incrementaron con una nueva *Compañía Móvil* con base en Santa Isabel (Núñez, 2000, pp. 30-31). Esta unidad también contaba con un destacamento ubicado en Annobón.

En mayo de 1961, las citadas Compañías Móviles pasaron a denominarse *Compañías Móviles de Instructores de la Guardia Territorial de la Región Ecuatorial*, conservando una cierta independencia dentro de la Institución, debido a su especificidad. El despliegue de sus fuerzas se estructuró de la siguiente forma: la 1ª Compañía estaba destacada en el continente, mientras que la 2ª, la formada en 1961 fue destinada a Santa Isabel. El conjunto quedó formado por 2 capitanes, 14 tenientes, 42 suboficiales, 77 cabos, 57 guardias conductores, 18 guardias radiotelegrafistas, 11 sanitarios, 10 especialistas y 337 guardias, todos bajo mando directo de un comandante. Para garantizar la protección de las instalaciones aeroportuarias, sus acuartelamientos fueron ubicados intencionadamente en las proximidades de los aeropuertos.

En 1964 el proceso autonómico cambió la figura del gobernador general por la de un comisario general[24]. Esta máxima autoridad debía, entre otras misiones, velar por la integridad del territorio y el orden público. Dependían de él, y a todos los efectos, las Fuerzas Armadas acantonadas en Guinea. Aunque dichas facultades, en materia de orden público, las podría delegar el comisario general en cada gobernador civil en el tiempo, forma y alcance que estimase oportuno. Durante este periodo autonómico, la Guardia Territorial ya contaba con una docena de alféreces

---

23 Pequeña unidad de infantería que forma parte, normalmente, de una sección y suele estar a las órdenes de un sargento.

24 El Gobierno de la Nación estaba representado, en el territorio guineano, por un Comisario general, nombrado por Decreto.

indígenas[25], diez de ellos habían sido formados en la Academia General Militar (AGM) de Zaragoza, entre los cuales se encontraba el actual presidente guineano Teodoro Obiang Nguema. Otros dos guineanos fueron instruidos en la Academia Especial Militar[26] (AEM) de Villaverde (Madrid)[27]. Pero la mayor parte de los mandos ecuatoguineanos se formaron en la Academia existente en las proximidades de Sevilla de Niefang. De allí egresaron también oficiales, suboficiales y sobre todo instructores, con los que se esperaba constituir el futuro ejército guineano. En agosto de 1968, fue clausurado el último curso de formación de guardias territoriales en la *Academia Regimental Comandante Olaechea*, donde ya ejercían el profesorado los alféreces nativos Santiago Bee y José Moro Mba (Núñez, 2000, p. 27). Pero la existencia de mandos nativos no era nueva, ya que desde la Guerra Civil Española hubo casos puntuales como el del capitán Juan Manuel Tray y Mueri[28]. Pero la presencia de elementos autóctonos no se dio en los ámbitos de la defensa naval y aérea, encomendados a mandos europeos (Sequera, 2006, pp. 241-243).

En 1964, un nuevo *Reglamento para la Guardia Territorial,* autonómica, encargaba a este cuerpo, fundamentalmente, de la defensa de la ley, del orden público, y el auxilio a la administración de justicia. Mediante el *Decreto n. º 2.307/1968, de 1 de octubre*, fue creado el *Mando de las Fuerzas Españolas en Guinea Ecuatorial.* Esta norma se mantuvo en vigor hasta el 6 de junio de 1969[29]:

Artículo segundo.-Estas fuerzas estarán constituidas por: Las dos Compañías de la Guardia Civil que allí se encuentran, que cesarán de estar agregadas a la Guardia Territorial; las unidades de la Armada estacionadas en aquellas aguas, y las fuerzas aéreas establecidas en aquellos territorios.

---

25 Recordemos que los efectivos de la Institución no superaban los 800 hombres, tanto europeos como indígenas en 1966 (Sequera, 2006, p 323).

26 Los militares formados en este centro docente recibían el apelativo de *pillos* por parte de los oficiales procedentes de la Academia General Militar. Los alumnos *zaragozanos* rechazaban, injustificadamente, a sus colegas madrileños ya que consideraban más laxa la instrucción recibida en Villaverde aunque luego ambos constituyesen una misma escala dentro de aquel Ejército.

27 Uno de ellos era el caballero cadete Salvador Elá Sang, de la etnia fang, y natural de la demarcación de Valladolid de los Bimbiles. Este alumno *fang*, transcurrido el tiempo, llego a ser Vicepresidente 2° del Gobierno de la República de Guinea Ecuatorial.

28 Juan Manuel Tray y Mueri formó parte, durante régimen autonómico, de la Ayudantía personal del gobernador general, almirante Núñez Rodríguez. También fue ayudante de campo del comandante San José, segundo jefe de la Guardia Territorial. Este antiguo oficial de la Guardia Colonial y de la Guardia Territorial se convirtió, en 1969, en el Jefe de la Casa Militar de Francisco Macías Nguema. Sin embargo, tras un enfrentamiento con el presidente Macías, fue degradado a sargento y se le dio un destino subalterno en el Parque de Automóviles.

29 BOE. nº 234, de 28 septiembre 1968, p. 13861.

Artículo tercero.-El Mando de las Fuerzas Armadas españolas en la Guinea Ecuatorial será ejercido por un Coronel del Ejército de Tierra nombrado por la Presidencia del Gobierno a propuesta del Ministro del Ejército.

Artículo cuarto.-Con independencia de este Mando, la Guardia Territorial, con su actual Jefatura, cuadro de oficiales, instructores y tropa, continuará, hasta la transmisión de poderes, bajo la dependencia del Comisario general.

Por todo ello, es posible afirmar que la Guardia Territorial, y por ende las Compañías Móviles, fueron el único *Ejército de Tierra* que España tuvo en Guinea. En 1969, las *Compañías Móviles* de Santa Isabel y Bata posibilitaron a la evacuación de la colonia española.

4. LA FUERZA NAVAL

La presencia de alguna unidad naval de la Armada Española auxiliaba a las fuerzas de la Guardia Colonial en sus labores de defensa y seguridad[30]. En julio de 1959, fondeó en la bahía de Santa Isabel una escuadrilla formada por la fragata *Descubierta,* la fragata *Pizarro*, el buque hidrográfico *Malaspina*, y el remolcador de altura *RA-2.* El 4 de agosto de 1959, la fragata *Descubierta* reemplazó al *Cánovas del Castillo* en sus misiones de patrulla y vigilancia. En octubre del 62 fue destinado a Guinea el cañonero *Pizarro* que permaneció en el territorio hasta 1969. Durante la Operación Ecuador, esto es, la evacuación de la población española residente en Guinea, tuvo que ser remolcado por el crucero *Canarias* hasta el puerto de Las Palmas.

Dejando a un lado el ejercicio de cargos de carácter político-administrativo, por miembros de la Armada, es posible afirmar que, en nuestra Guinea, la máxima autoridad naval era el Comandante Militar de Marina. Este capitán de fragata[31], o teniente de navío[32], ostentaba diversas atribuciones, siendo al mismo tiempo el jefe de la Guardia Marítima[33]. La creación de la Guardia Marítima, en 1952, supuso una potenciación de las fuerzas navales que España tenía en Guinea. Este Instituto

30 A lo largo del siglo XX prestaron servicio en Guinea las siguientes unidades navales: *Lauria, Bonifaz, Cánovas del Castillo, Eduardo Dato, Canalejas, Calvo Sotelo, Pizarro y Descubierta.*

31 Oficial del cuerpo general de la Armada, cuya categoría equivale a la de teniente coronel de Ejército.

32 Se denomina así a todo aquel oficial del cuerpo general de la Armada, cuya categoría equivale a la de capitán en el Ejército.

33 *Guardia Marítima* era el nombre que designaba a las fuerzas navales encargadas tanto de la protección del litoral, de la vigilancia de las aguas continentales, así como de la custodia de las instalaciones navales existentes en Guinea.

Armado, semejante al de la Guardia Territorial ostentó competencias navales muy significativas, auxiliando a las Comandancias de Marina[34], así como prestando apoyo a las citadas unidades de la Armada. Los buques *Atrevida, Cánovas del Castillo, Dato, Descubierta, Malaspina, Pizarro* y *Vasco Núñez de Balboa*, fueron garantía constante de seguridad, y eficaces colaboradores de la acción político-militar en aquellas aguas[35].

5. LA ESCUADRILLA MIXTA DEL EA

En 1962, fue desplegada la 89 Escuadrilla[36] mixta, en el Aeropuerto de Santa Isabel. Esta unidad debía contar con dos patrullas de cuatro aviones de E-6 (T-6 "Texan" armados) [37], así como tres avionetas de enlace L–9 (Dornier DO–27). Operativamente dependía del Gobernador General a través del jefe del Sector Aéreo (un comandante del Ejército del Aire). Para efectos administrativos y técnicos dependía de la Región Aérea central. La seguridad de las instalaciones era encomendada, inicialmente, a la Guardia Territorial[38].

Esta dotación nunca alcanzó las cifras previstas. Los pilotos militares nunca fueron más de 18. Como apoyo de los aviadores había el siguiente personal europeo: 4 brigadas, 10 sargentos, 11 cabos 1°, 12 cabos, y 8 soldados.[39] Esta plantilla debía cumplir con las misiones encomendadas relativas a la vigilancia marítima; control territorial, enlace, transporte, traslado de autoridades, enfermos y heridos, evacuaciones, salvamento, o suministro a destacamentos aislados. Los aeródromos de la Guinea Española presentaban notables limitaciones con respecto de las instalaciones

34 Se denominaba así a cada una de las subdivisiones de un departamento marítimo.

35 En 1969 se hallaban destinados en Guinea el crucero Canarias, los transportes Castilla y Aragón, así como el petrolero Teide. (Cervera, 1968).

36 La Fuerza Aérea Española denomina así al conjunto de aviones que realizan un mismo vuelo dirigidos por un capitán.

37 El avión T6 (o T-6 Texan) era un monomotor estadounidense diseñado por North American Aviation en 1935, siendo una de la aeronaves más utilizadas por las USAAF durante la II Guerra Mundial. El Dornier DO–25 era un avión utilitario STOL fabricado desde 1954 por un consorcio hispano-alemán. Se trataba, por tanto, de un material aeronáutico muy limitado.

38 Creación de una unidad aérea en las provincias del África Ecuatorial (17 de abril de 1962), AHEA, Región Aérea Central, 2565/36, exp. 5.

39 Creación de una unidad aérea en las provincias del África Ecuatorial (17 de abril de 1962), AHEA, Región Aérea Central, 2565/36, exp. 3.

metropolitanas. Los pilotos de la 89 Escuadrilla (desde Mayo de 1965 denominada 401 Escuadrilla) sólo podían operar en pistas asfaltadas en Bata y Santa Isabel[40].

6. LA EVACUACIÓN: 1969

Guinea Ecuatorial alcanzó la independencia de España el 12 de octubre de 1968 (Rodríguez, 2015, p. 96). Francisco Macías expuso, pronto, sus postulados políticos ante las fuerzas de la Guardia Nacional en Bata (Sequera, 2006, p. 251):

(…) quisiera tranquilizaros a todos vosotros tanto a los oficiales españoles como a los africanos. Yo conozco afondo vuestros pensamientos. Pero quisiera disipar estos pensamientos. (...) Las tropas españolas seguirán al mando de un coronel bajo la dirección del embajador de España. La Guardia Territorial pasa automáticamente a depender del Presidente de la República, que ha asumido además la cartera de Defensa. (..) Los golpes de estado no me asustan. (...) A los oficiales africanos los ascenderé, si me correspondiera también el ascender a los oficiales españoles también lo haría. Pero si uno de ellos pasa al servicio definitivo de la República de Guinea Ecuatorial, también lo ascendería.

Durante algún tiempo, el presidente Macías quiso atraer a su causa a algunos militares españoles como Luis Báguena[41] o Rafael de Cárdenas[42]. Al mismo tiempo, en sus arengas, fue censurando a la oposición política encarnada por la *gacela*[43]. Mientras tanto, el gobierno español se había comprometido en el asesoramiento técnico de la nueva administración[44]. Durante el mes de noviembre de 1968, Macías

40 Desde mayo de 1965 hasta 1969 se denominaba 401 Escuadrilla Mixta de Fuerzas Aéreas y se hallaba integrada en la Zona Aérea de Canarias. SHYCEA, *Región Aérea de África*. Villaviciosa de Odón (Madrid).

41 L. Báguena (Octubre, 14, 2013).

42 Rafael de Cárdenas, recientemente fallecido, formó parte de la Guardia Territorial en destinos como Bata, Acurenam, Mongomo y Evinayong. Por su distinguida actuación en Guinea, y posteriormente en el Sahara, le fue concedida la más alta condecoración que puede concederse, en tiempo de paz, en España: la Medalla del Ejército.

43 Tradicionalmente, los principales grupos étnicos guineanos se sentían identificados con un animal totémico. Para los fang era el *león*, los bubis tenían a la *gacela*, mientras que para los ndowes era el *ánade* o el *rombe* (antílope). (Sequera, 2006, p. 252).

44 Se trataba de aquellos funcionarios indispensables, como algunos de los oficiales de la desaparecida Guardia Territorial así como diverso personal técnico-administrativo de carácter civil.

endureció su discurso antiespañol[45] al tiempo que creó la Guardia Nacional[46]. En febrero de 1969, Macías mandó retirar la bandera española del Consulado General de España en Bata. El malestar de la población europea llegó a su cenit, especialmente, después de la quema de una enseña nacional, por partidarios de Macías, en Bata. El 26 de febrero, el embajador Juan Durán-Loriga Rodrigáñez fue declarado *persona non grata*[47] y expulsado del país. El gobierno español retiró, entonces, la escolta que protegía a Macías[48]. El 27 de febrero de 1969 se comunicó, a los oficiales españoles de la Guardia Nacional, la obligación de entregar sus mandos a los oficiales nativos[49].

En Santa Isabel, ya denominada Malabo[50], Macías celebró alguno de sus consejos ministros, pero temiendo un golpe de estado, se trasladó a Bata. En el continente los civiles europeos huían, mientras que los españoles destinados en la Guardia Nacional solicitaban el reingreso en sus unidades metropolitanas. Al mismo tiempo, y ante la previsión de incidentes, en Santa Isabel las fuerzas españolas ocuparon el aeropuerto[51]. El 27 de febrero fue declarado el estado de excepción[52]. El Gobierno español designó a Emilio Pan de Soraluce como Encargado de Negocios[53] en Santa Isabel.

---

45 En el mes de enero fueron expulsados, acusados de espionaje, entre otros, el teniente coronel José Luis Alonso Allustante, de la Guardia Territorial, y el comandante Manuel Moreno Calderón, destinado en la Asesoría Militar de los Servicios de Información del Presidente Macías.

46 La Guardia Nacional se había sido formado con los efectivos de la Guardia Territorial y la Guardia Marítima, ahora dependientes del nuevo Gobierno Guineano.

47 Durante el mes de febrero de 1969 fue solicitado el incremento del dispositivo militar español. Para transmitir esta información se utilizaba un sistema cifrado basado en el libro de la editorial Sopena *Aristos: Diccionario ilustrado de la lengua española,* en su edición de 1967. (Sequera, 2006, p. 260).

48 Desde entonces, hasta su derrocamiento en 1979, la guardia personal la prestaron indígenas, de la etnia fang, de la confianza del Presidente Macías.

49 *Orden de S.E. el Presidente de la República y Ministro de Defensa Nacional,* Sr. Macías Nguema.

50 Malabo Lopelo Melaka era un líder local, proclamado rey de la isla de Fernando Poo por los clanes bubi. Reinó simbólicamente desde 1904 hasta 1937, año de su muerte en prisión. La política de africanización toponímica del gobierno guineano afectó, entre otros ámbitos, a la denominación de los centros docentes, como fue el caso del Instituto Nacional Rey Malabo (anteriormente denominado Cardenal Cisneros).

51 Una sección de las Compañías Móviles, mandada por el teniente García-Ibáñez de Garayo, ocupó las instalaciones aeroportuarias, instalando dos ametralladoras en la pista, que fueron retiradas al amanecer del día 28 de febrero por orden del embajador de España. L. García-Ibáñez de Garayo (Abril, 14, 2014).

52 Este estado de emergencia comprendió los días 1 al 12 de marzo, implicando el toque de queda y la privación de las libertades ciudadanas reconocidas por la Carta Magna. (García, 1977)

53 Agente diplomático, inferior en categoría al ministro residente cuando lo reemplaza en el desempeño de sus funciones.

Por entonces, el mando de la Guardia Nacional[54] recayó, finalmente, en el capitán Juan Manuel Tray y Mueri[55]. Esta situación obligó al gobierno español, a través de Pan de Soraluce, a solicitar, ante la ONU, la presencia de observadores que garantizasen la evacuación de toda la población española que así lo desease. El gobierno guineano establecía una moratoria de dos meses para el repliegue de las fuerzas españolas, a cambio de ayuda económica. Pero Macías pronto volvió a exigir la retirada inmediata de las fuerzas españolas. Entonces, el embajador Pan de Soraluce transmitió un radio[56], a todos los establecimientos militares, en el cual se ordenaba la evacuación del personal civil europeo.

En Niefang fue arrestado el capitán de la Guardia Nacional Ángel Sevillano Pérez[57], acusado de ausentarse de su demarcación sin la preceptiva autorización gubernativa guineana. Sevillano fue encarcelado en Bata durante seis días. Cada día crecía la inestabilidad, al tiempo que empeoraban las relaciones bilaterales hispano-guineanas.

El presidente Macías continuó presionando al gobierno español. La falta de coordinación existente entre las fuerzas de la Guardia Nacional y las autoridades españolas dificultó la evacuación del territorio al tiempo que facilitó los desmanes de las fuerzas paramilitares autóctonas[58]. La confusión generalizada, el expolio, los robos e incautaciones, así como los controles incontrolados trataban de impedir que la población amiga de la antigua metrópoli pudiese refugiarse en los acuartelamientos de las Compañías Móviles, únicos recintos seguros.

Como hemos visto, el 27 de febrero de 1969 el embajador Pan de Soraluce, ordenó la evacuación. Una vez dada la orden se produjo un atropellado proceso de abandono del territorio por la mayor parte de los europeos. Los residentes en el continente, no sólo los habitantes de *Bata* y las demarcaciones próximas a la costa abandonaron sus pertenencias. También, y con mayor razón por su peligrosidad, los pobladores de núcleos del interior, como *Evinayong* o *Ebebiyín,* se marcharon en comitivas

---

54 También habían ocupado el cargo los capitanes Juan Quijano Sánchez y Manuel Pizarro Quesada.

55 Este indígena había participado en la guerra civil como voluntario dentro del Ejército franquista. Llegó a ser teniente coronel primer jefe de la recién creada Guardia Nacional y Jefe de la casa Militar del presidente Macías.

56 Telegrama cuyo origen o destino es una estación móvil, transmitido, en todo o parte de su recorrido, por las vías de radiocomunicación de la Guardia Territorial.

57 El capitán Ángel Sevillano Pérez era procedente del Arma de Ingenieros. Pertenecía a la promoción 132 de la Academia de Ingenieros (entonces ubicada en Burgos). Superó su plan de estudios el 15 de diciembre de 1950. Hoja Matriz de Servicios de D. Ángel Sevillano Pérez. Segovia: AGMS.

58 De entre todas ellas destacaron las Juventudes en marcha con Macías. Este cuerpo paramilitar estaba formado por jóvenes fang desocupados, empleados para controlar violentamente a la población ecuatoguineana.

organizadas por la fuerza pública. El repliegue sobre Bata hubo de hacerse evitando el encuentro con las incontroladas *Juventudes de Macías* (Juventudes en Marcha con Macías[59]). Allí, en la capital del continente, los europeos conocieron la llegada del buque *Ciudad de Pamplona*, escoltado por la fragata *Descubierta*. El personal europeo de los poblados del *Norte* y *Este*, más alejados de la capital, prefirió retirarse hacia *Ebebiyín*, donde todavía mantienen el orden. Además en el peor de los casos es posible cruzar la frontera con Camerún, abandonando Guinea de cualquier modo.

En Evinayong, el teniente Rafael de Cárdenas González[60], comandante militar del distrito, acompañado del brigada Rodolfo Rodríguez Brito[61], recibieron la orden de evacuación (Rodríguez, 2015, p 104). Después de sortear a diversos grupos partidarios de Macías, pudieron llegar, al campamento de la Compañía Móvil de Bata. El capitán Navarro y su fuerza daban protección a más de cuatrocientos europeos refugiados de Bata. Tras esta aventura, y casi sin descansar, al día siguiente por la tarde fueron embarcados en el transporte *Ciudad de Pamplona*[62]. El 28 de febrero, Macías se dirigió ante este acuartelamiento de Bata, advirtiendo que todo individuo allí refugiado considerado por su Gobierno como persona *non grata* y quedaba automáticamente expulsado.

En Ebebiyín, el capitán Bruno Garrido Riaño[63], y el sargento Gonzalo Ramírez de Esparza Irribarren[64], formaron varias columnas con diverso personal europeo. Esta agrupación pudo atravesar *Micomeseng* sin ser detenida. El capitán Garrido también había estudiado la evacuación de los españoles por Camerún, debido a la proximidad del paso habilitado, pero la dificultad de pasar a otro país podía implicar un tedioso proceso diplomático, así como la implicación de hacer entrega del material militar español. Antes de decidir la evacuación sobre *Bata*, solución peligrosa por la distancia, pero más controlada, había sido necesario el repliegue durante varios días de pequeñas fracciones de personal y equipos europeos civiles.

En *Micomeseng* las fuerzas españolas se enfrentaron a una difícil evacuación. El repliegue de la población española se hizo de forma improvisada. Allí, la máxima

---

59 Los acólitos de esta organización paramilitar llamaban a su caudillo Macías con la expresión afectiva *Papá Masié*.

60 El general Rafael de Cárdenas González recibió la Medalla del Ejercito, de categoría inmediatamente inferior a la Medalla Militar por cuatro acciones de combate contra las fuerzas del Frente Polisario en 1973, en la zona de Hausa en el antiguo Sáhara Español. Hoja Matriz de Servicios de D. Rafael de Cárdenas González. Segovia: AGMS.

61 Hoja Matriz de Servicios de D. Rodolfo Rodríguez Brito. Madrid: CEHGC.

62 Este barco de la línea Guinea Ecuatorial-Canarias- Península, transcurridos los años, sirvió de hotel flotante para muchos españoles durante el periodo de la cooperación que comenzó en 1979.

63 Hoja Matriz de Servicios de D. Bruno Garrido Riaño. Segovia: AGMS.

64 Hoja Matriz de Servicios de D. Gonzalo Ramírez de Esparza Iribarren. Segovia: AGMS.

autoridad local era el único médico nativo del hospital, Rafael Obiang (alias *coronel Bangala*), jefe local de las *Juventudes de Macías*. Sin embargo, aprovechando la celebración de un mitin de Macías en Bata, buena parte de la población blanca de *Niefang y Micomeseng* fue autorizada a acudir, sin equipaje, a la capital continental, utilizando las *guaguas* en vez de los vehículos particulares. El personal militar europeo tuvo que trasladarse a Bata por sus propios medios.

Ante las presiones del gobierno guineano, los españoles que pudieron, se concentraron en los acuartelamientos de la Guardia Civil, en Bata y Santa Isabel, situados próximos a los aeródromos a los cuales daban seguridad. Para organizar la *Operación Ecuador*, nombre en clave de la evacuación, se contaba con los transportes de la Armada TA11 *Aragón* y TA21 *Castilla*. El repliegue comenzó por las fuerzas agrupadas en Bata, dirigiéndose después a Santa Isabel. El crucero *Canarias* protegía con su potencia de fuego toda la operación. A esta escuadra le acompañaba la *Task Force* (o TF)[65]. En el citado grupo de combate se incluyó al petrolero *Teide*. Todas estas unidades navales transportaron a varios centenares de infantes de Marina que, con algunas unidades de apoyo, constituyeron la denominada *Agrupación de Apoyo a las ex-Fuerzas coloniales españolas en Guinea Ecuatorial*. Esta fuerza embarcada, junto con las fragatas *Pizarro* y *Descubierta,* facilitaron el embarque del personal civil, y aseguraron la navegación *(Operación Polar)* de los barcos de pasaje *Ernesto Anastasio, Ciudad de Toledo,* y *Francolí*. En la tarde del día 26 de marzo comenzó una evacuación masiva desde Bata que no concluyó hasta el día 28. El 2 de abril, partieron para España, desde el Continente, por vía marítima unos 500 españoles. Durante la noche del 4 al 5 de abril se produjo un intento de golpe de estado y el asalto al Palacio Presidencial, con varios indígenas muertos[66].

La evacuación tuvo que adaptarse a las circunstancias locales, presentando notables diferencias. En Bata se utilizaba como playa de embarque la situada a la altura de los cuarteles de la compañía móvil, y dispuso como transporte al buque *Villa de Bilbao*. En Santa Isabel, la evacuación partió de varios puntos del litoral para llegar

65 Se denomina fuerza operativa o *task force* (expresión inglesa abreviada como *TF*) a toda aquella agrupación naval de combate, establecida para trabajar en una operación o misión concreta.

66 Francisco Macías acusó a su Ministro de Asuntos Exteriores, Atanasio Ndongo, de organizar una tentativa de golpe de estado apoyado por España en la noche del 4 al 5 de marzo. Macías emprende a continuación una purga en todo el aparato administrativo y político del país. De manera inmediata, fueron asesinados también Saturnino Ibongo, embajador en la ONU, Pastor Torao Sikara, Presidente de la Asamblea Nacional, Armando Balboa, ministro de Información y Turismo y el opositor político Bonifacio Ondó Edu. Otros ministros y funcionarios, a los que se les relacionó con el intento de golpe, también fueron perseguidos, entre ellos Gustavo Watson Bueco (fallecido en 1972) y Agustín Nve, diputados en la Asamblea Nacional, Enrique Gori (fallecido en 1972), Presidente de la Diputación de Fernando Poo y Federico Ngomo (fallecido en 1971), Presidente de la Diputación de Río Muni. A ellos habría que añadir otros políticos como Norberto Balboa, Vicente Ntutumu, Luis Angue Bacale y Santiago Osa.

hasta los navíos *Castilla* y *Aragón*, fondeados fuera de la bahía[67], mediante barcazas (lanchas anfibias *LCM)*[68]. El personal civil de Santa Isabel fue evacuado a través del puerto, contando con los mercantes *Ernesto Anastasio, Ciudad de Toledo,* el *Río Francolí*[69].

Fueron, aproximadamente, 3.000 los residentes españoles que regresaron por vía marítima, y unos 4.000 los evacuados que lo hicieron a través de las aeronaves de Iberia (Sequera, 2006, p. 268), en ambos casos tuvieron que pagar su pasaje. Los colonos que lo solicitaron recibieron, por una sola vez, una indemnización por los traslados efectuados, de 92.000 pesetas, con cargo al Fondo de Protección al Trabajo. El día 5 de abril, el *Pizarro,* la *Descubierta,* el *Castilla* y el *Aragón,* junto con el *Canarias* abandonaron las aguas de Fernando Poo (Rodríguez, 2015, pp. 111-117). La presencia española en Guinea Ecuatorial había terminado.

CONCLUSIONES

Como es sabido, la labor del historiador consiste en hacer interpretaciones de unos hechos y sacar conclusiones sobre las conductas sociales, pues el objeto, y sujeto, de la Historia es el *hombre en sociedad.* Todo lo señalado hasta aquí es una breve exposición de hechos y circunstancias que ponen de manifiesto una imagen erosionada del dispositivo militar que España mantuvo durante el siglo XX en el territorio de la actual República de Guinea Ecuatorial. Sólo hemos intentado esbozar unas pautas que permitan entender la importancia de ese hecho.

Las fuerzas armadas españolas, en Guinea, tuvieron que adaptarse a los vaivenes propios del siglo XX. El dispositivo militar de España en Guinea no fue inmune, como los demás integrantes del pueblo español, ante los avatares políticos de cada periodo. Las Fuerzas Armadas eran, por tanto, el instrumento con el que contaba el ejecutivo español para efectuar un dominio territorial efectivo. La memoria de Guinea no puede olvidar el papel de unos militares que, como todo funcionario público, cumplieron con el deber encomendado. Mantuvieron la paz, en aquel territorio ecuatorial, con una perenne escasez de medios humanos y materiales.

67 Este fondeo fuera del muelle se explica debido al poco calado del puerto de Santa Isabel, ya que los navíos citados contaban con unas admirables dimensiones.

68 La sección mandada por el teniente E. Rodríguez Galindo, de guarnición en San Carlos, fue la última fuerza española en abandonar Fernando Poo.

69 F. Marcos García (Abril, 16, 2009). L. García-Ibáñez de Garayo (Marzo, 21, 2013).

BIBLIOGRAFÍA

- AGUADO, F. (1985). *Historia de la Guardia Civil.* Madrid: Cupsa.
- ÁLVAREZ, J. (2010). La bandera de España, *Revista de Historia Militar,* Instituto de Historia y Cultura Militar, extra 2 (Ejemplar dedicado a: El origen militar de los símbolos de España), pp. 13-80.
- ARROJAS, E. (1954). *La Guinea española.* Madrid: Publicaciones Españolas.
- BÁGUENA, L. (1947). *Lista general de los poblados, fincas, establecimientos, etc. de la Guinea continental española con la relación de sus tribus, demarcación a que pertenecen y situación en el croquis.* Madrid: Talleres del Instituto Geográfico y Catastral.
- BÁGUENA, L. (1950). *Guinea.* Madrid: Instituto de Estudios Africanos.
- BOLEKIA, J. (2003). *Aproximación a la historia de Guinea Ecuatorial.* Salamanca: Amarú.
- Bueno, J. Mª. (1990). *Nuestras Tropas en Guinea.* Madrid: Aldaba.
- CAMPOS, A. (2002). *De colonia a estado: Guinea Ecuatorial, 1955-1968.* Madrid: Centro de Estudios Políticos y Constitucionales.
- CASTRO, M. L. de (1992). *Origen de la colonización española en Guinea Ecuatorial (1777-1860).* Valladolid: Publicaciones de la Universidad.
- CERVERA, J. (1964a).*Guinea Ecuatorial.* Madrid: Publicaciones Españolas.
- CERVERA, J. (1964b). *La evolución histórico-política de Guinea vista a través de sus Leyes Fundamentales (del Estatuto Orgánico de O´Donnell a la Ley de Bases de la Autonomía).* Santa Isabel: Gráficas Guinea.
- CERVERA, J. (1968). *La Marina Española en Guinea Ecuatorial.* Madrid: Ministerio de Marina.
- CUETO, A. (2011). Portugal y su imperio frente a la descolonización 1945-1962, *Espacio, tiempo y forma. Serie V, Historia contemporánea,* 23 (Ejemplar dedicado a: literatura e Historia Contemporánea), pp. 161-200.
- Dirección General de Marruecos y Colonias (1929). *Reglamento para la Guardia Colonial.* Madrid: Vicente Rico.
- ELÁ, F. (1983). *Guinea: los últimos años.* Santa Cruz de Tenerife: Centro de la Cultura Popular Canaria.
- FERNÁNDEZ-ACEYTUNO, M. (2007). Independencia de Marruecos, *Ejército de tierra español,* 798, pp. 30-35.
- FLEITAS, C. (1989). *Guinea: episodios de la vida colonial: relatos.* Madrid: Agencia Española de Cooperación Internacional.
- FRAILE, A. (1961). *Legislación regional de las provincias de Fernando Poo y Rio Muni.* Madrid.
- GARCÍA, R. (1977). *Guinea Macías, la ley del silencio.* Barcelona: Plaza & Janes.

- GEIJO, J. G. (1914). *La Guinea Española y la Guardia Colonia.* Gijón: Imprenta La Fe.
- GISTAU, M. (1907). *Historia de la Guardia Civil.* Valdemoro: Imprenta y encuadernación de la Guardia Civil.
- IRADIER, M. (2000). África. Un español en el Golfo de Guinea. Barcelona: Mondadori.
- Laguna, F. (et al.).(2006). *La cooperación militar española con Guinea Ecuatorial.* Madrid: Ministerio de Defensa, Secretaría General Técnica.
- LÓPEZ, E. (1991). Guinea, *Guardia Civil: revista oficial del Cuerpo*, 567, pp. 74-78.
- MARÍN, E. (2014). *Ifni, Sahara, Guinea. Ultimas colonias.* Madrid: Susaeta.
- MARTÍNEZ, J. U. (1985). Guinea Ecuatorial española en el contexto de la Segunda Guerra Mundial, *Cuadernos de Historia Moderna y Contemporánea,* 6, pp. 243-255.
- MARTÍNEZ, J. U. (1995). La ONU y la descolonización, *Cuadernos de Historia Contemporánea,* 17 (Ejemplar dedicado a: La Organización de las Naciones Unidas), pp. 79-100.
- MARTÍNEZ, M. (2010). *Atlas ilustrado de la Guardia Civil.* Madrid: Susaeta, 2010. 282 p. ISBN: 9788467709551.
- MENA, F. (1968). La Guardia Civil y la Guardia Colonial, *Guardia Civil: revista oficial del Cuerpo,* 292, pp. 7-9.
- MENÉNDEZ, J. (2008). *Los últimos de Guinea. El fracaso de la descolonización.* Madrid: SIAL.
- NDONGO-BIDYOGO, D. (1977). *Historia y tragedia de Guinea Ecuatorial.* Madrid: Cambio 16.
- NERÍN, G. (2008). *Un guardia civil en la selva.* Barcelona: Ariel.
- NÚÑEZ, J. N. (2000). *La Guardia Territorial de la Guinea Española*, Madrid, Almena Ediciones.
- NÚÑEZ, J. N. (2002). El Armamento de la Guardia Colonial y Territorial de la Guinea Española, *Armas*, 248, pp. 74-86.
- O'DONNELL, H. (1999). *La Infantería de Marina Española. Historia y Fuentes.* Madrid: Bazán.
- OLIVEIRA, H. N. de (et al.). (2015). *Guerra d'África, 1961-1974: estava a guerra perdida?* Oporto: Fronteira do Caos.
- OPISSO, A. (1916). *La Guardia Civil y su tiempo...*, Barcelona: Molina y Maza.
- RAMÍREZ, J. (2004). *Objetivo África: Crónica de la Guinea Española en la II Guerra Mundial.* Huelva: Imprenta Jiménez.
- RAMOS-IZQUIERDO, L. (1912). *Descripción geográfica y gobierno, administración y colonización de las Colonias Españolas del Golfo de Guinea.* Madrid: Imprenta de Felipe Peña Cruz.

- *Reglamento de uniformidad vestuario y equipo: enero 1943*. Madrid: Talleres del Servicio Geográfico del Ejército.

ÁFRICA EN NUESTROS ARCHIVOS: LA HISTORIA QUE AÚN NO PUEDE SER CONTADA

Celeste Muñoz Martínez
Doctoranda de la Universidad de Barcelona
Grupo de Estudios en Sociedades Africanas

I. PRESENTACIÓN

La palabra *transparencia* se ha convertido en un recurso constante dentro de nuestro lenguaje político actual. Su uso reiterado sirve para demandar que sea público y accesible aquello que por derecho los ciudadanos deben poder conocer, y sancionar así uno de los pilares de un Estado con totales garantías democráticas. En este contexto cabe destacar que cuando se apela a la transparencia se alude, en realidad, al *derecho a la información*, recogido por la Constitución Española (Art. 20) y la Declaración de Derechos Humanos (Soria, 1984, pp. 79-120), hecho que lo convierte en un *derecho fundamental*. De todos modos, y como viene siendo habitual, el no desarrollo en España de una legislación posterior que acompañe a la garantía constitucional nos conduce a la situación actual[1], donde la palabra transparencia se quiere, y debe, imponer dentro de un estado con serias deficiencias al respecto (Ruiz Rico, 2014, p. 5). Pese a que este preámbulo se relacione rápidamente

1 La *ley de transparencia, acceso a la información y buen gobierno* de 2013 (Ley 19/2013 de 9 de diciembre, BOE 10 de diciembre de 2013) es la primera que legisla entorno a este debate, llegando con retraso respecto a los países homólogos europeos y las democracias avanzadas.

con debates sobre corrupción, lo cierto es que se encuentra estrechamente enlazado con la discusión en torno al acceso y la consulta del acervo documental de nuestros archivos estatales, y por ello la demanda de una ley de transparencia completa no es ajena para los investigadores, y usuarios en general, de estas instituciones.

El debate en torno al acceso a los archivos es recurrente en los medios especializados, y con cierta periodicidad se denuncia la estricta legislación, por parte de archiveros y usurarios, que con el transcurso de los años se ha endurecido, dando paso a situaciones, como mínimo, sorprendentes: hay colecciones que se podían consultar sin problema en la década de 1980, y que ahora están bajo llave en los depósitos a causa de las posteriores restricciones legislativas (Febe Fariña, 2006, pp. 351-354). Hay que destacar que esta problemática afecta a casi todos los investigadores que se disponen estudiar los períodos más recientes de la historia de España tales como la Guerra Civil, el Franquismo o la Transición, pero que se agrava cuando el tema de estudio es el colonialismo franquista en África y, sobre todo, sus procesos de independencia. En este contexto es imprescindible recordar una situación insólita, explicativa de la desmemoria actual con la antiguas ex colonias: Guinea Ecuatorial se decretó, dos años después de su independencia, materia reservada, y durante cinco años se prohibió hablar del joven país en unos medios de comunicación ya de por sí controlados por el Estado. La posterior *marcha verde* sobre el Sahara y su independencia en pleno proceso de transición a la democracia, relegaron el tema a un segundo plano, casi haciéndolo desaparecer del debate público. Estos apagones informativos fueron efectivos, y al silencio le siguió el largo olvido. De todos modos hay que valorar positivamente que en la última década se han multiplicado los estudios coloniales afrohispanos, una deuda histórica con la historia y con la población de las ex colonias después de los convulsos, y vergonzantes, procesos de independencia. La mala gestión de estas descolonizaciones son el eje vertebrador de la inestabilidad actual en ambos territorios, pues Guinea aún no ha conocido la democracia, y el Sahara sigue implorando un Estado aún por desocupar.

Teniendo en cuenta este preámbulo y anunciando la complejidad del acceso a las fuentes primarias del periodo, el presente texto pretende exponer la situación general de los fondos coloniales, valorando a su vez la legislación en torno al acceso, denunciando los silencios que *la ley de la memoria histórica* de 2007 y la *de transparencia* de 2013 perpetúan. Hay que remarcar que el acceso a estos fondos no son únicamente necesarios para construir un relato histórico, son también la única manera que tienen los ciudadanos de las antiguas excolonias para demandar sus derechos pasivos ante la administración del Estado español (Valverde Zabaleta, 1995, pp. 199-200), un derecho que les debe ser facilitado[2].

2 El Ministerio del Interior publicó una guía destinada a saharauis y el procedimiento a seguir en caso de querer reclamar la nacionalidad u otros derechos pasivos: MINISTERIO DEL INTERIOR.

2. ÁFRICA Y SUS FUENTES

Estudiar la presencia española en África es un complejo viaje por el puzle de las fuentes. La primera guía sobre este tema, útil únicamente para el caso del Golfo Guinea, la publicó la UNESCO bajo la dirección del *Consejo Internacional de Archivos* (1971)[3], en un proyecto global que pretendía ayudar a la construcción de la historia de las naciones oprimidas por el colonialismo en el África subsahariana. Pese al gran valor que ha tenido este catálogo, que sólo alcanza cronológicamente hasta 1930 (Martino, 2014, p. 42), poco después de su publicación se vio desfasado, debido a que sus referencias son anteriores a la reorganización administrativa de los fondos que custodiaba la antigua *Dirección General de Marruecos y Colonias* durante la transición (Valverde Zabaleta, 1995, p. 162). Además hay que puntualizar que la documentación más reciente quedó excluida del proyecto por el anteriormente mencionado decreto de materia reservada, un agravio importante que dejó sin referenciar aquellos fondos generados por la República y el franquismo. Aún así no hay que menospreciar su valor, ya que sigue siendo, en la actualidad, la única guía de fuentes sobre la presencia española en el África subsahariana, y ofrece una radiografía vital para el inicio de investigaciones relacionadas. La utilidad de estos trabajos es enorme y se impone demandar la creación de un catalogo completo, como ya existen en países con un archiconocido pasado colonial como Francia o Reino Unido.

Sobre la localización actual de los fondos documentales coloniales el texto se detendrá en el siguiente apartado, poniendo ahora en valor otras fuentes útiles y de fácil acceso para comprender y profundizar sobre el África española y su descolonización. Hay que destacar en este sentido la importancia de la colección África custodiada en la *Biblioteca Nacional de España*. Este amplio fondo se creó en 1966 a partir de la donación por parte de Tomás García Figueras, un militar africanista, de su patrimonio personal sobre el protectorado. A la colección se sumaron donaciones posteriores de personajes relevantes durante la colonización tales como Juan Fontán Lobé, Emilio Bonelli o Juan Manuel Bonelli Rubio, así como los propios fondos de la biblioteca de la *Dirección General de Marruecos y Colonias* en 1979. La sección África de la BNE ofrece, actualmente, más de 6.000 monografías especializadas, manuscritos, fondos de archivos personales, 30.000 fotografías, mapas y grabados, así como fuentes hemerográficas (Fernández de Avilés, 1992, pp. 59-78),

Guía de documentos para saharauis. Madrid, 2013. Recuperado de internet [URL: http://publicacionesoficiales.boe.es/].

3 Para más información: INTERNATIONAL COUNCIL ON ARCHIVES. "España, guía de fuentes para el estudios del África subsahariana" en *2. Guía de fuentes para la Historia del África Subsa*hariana, Paris, UNESCO, 1971. Recuperado de internet (URL: https://docs.google.com/file/d/0B6Bw-KX3F6HXRkppUWpSZXdHNlk)

convirtiéndose de esta manera en la colección más importante del estado en relación a los estudios africanos y arabistas. La mayoría de publicaciones periódicas que aún no se encuentran digitalizadas se pueden consultar en formato microfilm en esta institución, siendo especialmente útil la consulta de los *boletines oficiales* de cada territorio para un estudio del marco jurídico colonial o los diarios locales.

Por último, no hay que dejar de valorar la importancia de los archivos de carácter privado, que fuera de la estricta legislación, pueden aportar información no consultable en las instituciones públicas. Muchos de los antiguos colonos de los territorios conservan verdaderas colecciones de gran valor histórico, y si bien es cierto que muchas se han ido incorporando poco a poco a la Sección África del *Archivo General de la Administración* (AGA) (Naseiro Raimundo, 2012, pp. 125-28), aún queda mucho patrimonio privado cuyo criterio de acceso y consulta no es otro que el de su propietario. Ponderar el valor de estas fuentes es tarea indispensable de cualquier investigación al respecto. En este sentido hay que destacar también la necesidad de incorporación en los estudios de las fuentes orales, de la memoria viva del período, que explican la historia desde el punto de vista de sus protagonistas, y que pueden aportar con su testimonio voz a aquello que callan los archivos. Las fuentes orales, acompañadas siempre de una metodología específica, son la única manera de acceder, actualmente, a muchos aspectos de los procesos de descolonización, y por razones obvias no estarán siempre disponibles.

3. ÁFRICA EN NUESTROS ARCHIVOS: LOCALIZACIÓN

El Archivo General de Indias (AGI) es la referencia estatal cuando se piensa en archivos coloniales. Pese a ello, esta institución excluye las fuentes de la presencia española en África, y por ello no puede compararse con el homologo francés *Archives nationales d'aoutre mer (Aix-en-Provence)*, donde si se aglutinan todas las colecciones coloniales, facilitado el estudio de estos periodos bajo un mismo criterio de catalogación y trato especializado. La pregunta obligada después de esta consideración es, por tanto, ¿Dónde se consultan los fondos africanos?, la respuesta no es una sola, pues estas colecciones se encuentran depositadas en diversos archivos, considerando el más relevante, por volumen de información, la sección África AGA (Valverde Zabaleta, 1995, pp. 159-205).

Como se viene indicando no existe ninguna guía de fuentes actualizada que sirva como primera referencia, y por ello se ha considerado útil señalar la relación de archivos e instituciones que depositan esta documentación colonial. El siguiente cuadro ofrece una primera aproximación, con descripción temática y territorial, útil para localizar la información albergada en cada centro, remarcando que sobre la situación del AGA se profundizará en el siguiente apartado, por merecer una lectura separada a causa de su relevancia:

Tabla 1: localización y descripción de los fondos

Institución y descripción de los fondos
Archivo General de la Administración (AGA) Alberga la sección África, la colección más relevante por volumen documental: 3.700 ml (Valverde Zabaleta, 1995, p. 162)). Principalmente se encuentra la documentación generada por la administración colonial, llegada durante la transición mediante las transferencias de las comisiones liquidadoras de organismos de los ministerios franquistas.[4]
Archivo Histórico Nacional (AHN) Se depositan los fondos del antiguo Ministerio de Ultramar del cual dependía Guinea durante el S.XIX. Es la institución que precede a la Dirección General de Marruecos y Colonias, creada en el S. XX, posterior a la pérdida de los últimos territorios de ultramar.
Archivo General Militar de Madrid Su fondo abarca la cronología 1663-1973, con un total de 2.532 cajas dedicadas a asuntos militares referentes a Marruecos, Sahara, Ifni y Guinea. Una colección especialmente útil para el estudio de las campañas militares del Rif o de la Guerra de Ifni (1957-1958).
Archivo General Militar de Ávila Alberga los fondos de la Administración Militar Española en África de 1939 a 1975. Su fondo de compone de un total de 1.210 cajas.

4 Información ampliada en el apartado número 3.

Archivo General Militar de Guadalajara
En este archivo se depositan los expedientes personales de los miembros la Guardia Colonial y Territorial en los territorios del Golfo de Guinea.

Archivos del Ministerio de Asuntos Exteriores
Especialmente útil para el estudio de los procesos de descolonización y consulta de informaciones consulares del ministerio de Asuntos Exteriores. Sus fondos son de difícil acceso.

Arxiu Nacional de Catalunya
La comunidad colonial más importante en Guinea era la catalana, así como muchas de sus empresas. En este archivo se albergan muchos de sus fondos personales, así como colecciones fotográficas privadas y correspondencia.

Archivo Provincial de las Palmas
Deposita toda la información generada por el Juzgado Territorial de África en sus secciones de Sahara, El Aaiún y Sidi-Ifni, así como los procesos ejecutados por el juzgado de la Paz de Villa Cisneros y de Smara en la cronología 1952-1976.

Archivos "Claretianos"
La orden religiosa claretiana fue una de las instituciones más relevantes en la Guinea española. Sus fondos, claves para el estudio del territorio y la misión "evangelizadora", en su mayor parte se encuentran en Roma, en la sede del *Gobierno General de la Congregación*. También hay documentación, en menor medida, en las sedes de Vic (Barcelona), Madrid, Las Palmas y Luba (Guinea Ec.)

Biblioteca Nacional de España
Además de la amplia colección de monografías y mapas, se encuentran los fondos personales de personajes como Juan Fontán Lobe, Tomás García Figueras, Guillermo Rittwagen o Emilio Bonelli.

Fondos de la Real Academia de Historia
En esta institución se encuentra el fondo personal del ministro Castiella, un personaje clave para entender el proceso de descolonización de Guinea y las luchas que generó, dentro de las diferentes familias franquistas, el asunto colonial.

Además de esta dispersión estatal de los fondos que responde a la separación entre la documentación administrativa, militar y religiosa, en su mayoría, hay que añadir otra consideración: los fondos fuera del Estado español. Lógicamente los territorios que antes fueron colonias hoy son Estados de pleno derecho (exceptuando el caso del Sahara, bajo soberanía marroquí), y como resulta obvio, parte de la documentación de los procesos de independencia y de los últimos años de la administración estatal se encuentran allí. En el caso de la Guinea Española parte relevante de la documentación de los años 60 se quedo en territorio africano. La agónica huída final de los últimos colonos y representantes de la administración en 1969, tras el controvertido golpe de Estado contra Macías, son la causa de este abandono documental. Lamentablemente las milicias de Macías Nguema, en sus habituales estallidos antiespañoles, quemaron parte de la documentación en ceremonias públicas, destruyendo un legado irrecuperable. Los restos documentales, después de décadas olvidados en condiciones hostiles, se pueden consultar en el Archivo Nacional de Guinea Ecuatorial (ANGE), siempre y cuando la habitual arbitrariedad de la institución te lo permita. En este sentido hay que añadir que mucha información referida a los movimientos nacionalistas (MONALIGE o IPGE), y su organización en el exilio durante la década de los 50, se encuentran en los archivos de Yaundé y Libreville, así como el colonial francés y la *Public Record Office* (Londres).

Hay que valorar que esta dispersión dentro y fuera del Estado dificulta las investigaciones en curso, y si bien esta situación es a día de hoy estructuralmente irreversible, es necesaria la creación de una guía de fuentes para el estudio del colonialismo español en África en colaboración con todas las instituciones y países que disponen de esta documentación. De esta manera se superaría una de las principales barreras actuales.

4. ACCESO Y LEGISLACIÓN: EL CASO DE LA SECCIÓN ÁFRICA DEL AGA

El Archivo General de la Administración, situado en Alcalá de Henares, es en la actualidad el tercer archivo del mundo en volumen documental. Teniendo en cuenta que su *sección África* es uno de los grupos de fondos más destacados, el investigador debe atender a la génesis de esta colección, a fin de poder poner el contexto que nos llevará a entender el estado de consulta de sus fuentes. El inicio de las trasferencias documentales se sitúa durante el proceso de "descolonización" del Sahara, también en plena transición española, y bajo la demanda de los ministerios centrales de reubicar la documentación de sus archivos, en estado de colapso (Valverde Zabaleta, 1995, p. 162). De esta manera, la *comisión liquidadora de los intereses españoles en el Sahara*, creada en 1976, comenzó el envío documental, no sin previo proceso de expurgación. Posteriormente, en 1980, la *comisión liquidadora del Ministerio de*

Presidencia sanciono la transferencia de las cajas de la antigua *Dirección General de Marruecos y Colonias*, una institución reformulada *a posteriori* de los procesos de provincialización (1956), así como con la independencia de Guinea (1968)[5]. Como consecuencia, en pocos años, durante la década de 1980, llego al AGA toda la actual sección África, y los trabajadores, desbordados por las transferencias documentales de todos los ministerios tuvieron que enfrentarse a una tarea colosal de catalogación, que en actualidad sigue siendo incompleta. Una parte considerable de estas cajas se encuentran aún por explorar (Martino, 2014, p. 43), a la espera de que los nuevos instrumentos de referencias, un proyecto paralizado por falta de financiación según los propios trabajadores.

En la actualidad, en la sala de lectura del AGA se pueden consultar un total de 32 instrumentos de referencias en soporte físico, con mayor importancia de Marruecos en sus descriptores (porque mayor fue también la documentación generada por el Protectorado). Como ya se ha señalado estos inventarios no están completos, y muchas de las unidades que corresponden al periodo tardofranquista y a la descolonización quedaron apartadas, y por tanto, olvidadas. El nuevo catalogo, que revierte la situación, sí incluye la totalidad de la colección, pero de momento es únicamente de uso interno para los trabajadores y la institución dependiente del Ministerio de Educación, Cultura y Deporte. De todos modos se puede solicitar al Jefe de Sala una búsqueda por conceptos y consultar cajas que hasta hace bien poco han sido desconocidas (Martino, 2014, p. 45). Pese a esta mejora de la situación, y su valoración positiva, hasta que no sean públicos los nuevos instrumentos este método es parcial, pues como es lógico no puedes disponer de todo el tiempo del jefe de sala ni hacer tu mismo la búsqueda utilizando diferentes palabras clave y descriptores. Además se ha podido constatar que los nuevos instrumentos también mejoran y amplían las descripciones de las cajas, algo más que necesarios, pues en los actuales instrumentos de referencias las descripciones son parciales y generalistas, y obligan a los usuarios a tener que consultar físicamente las unidades para constatar su contenido, algo totalmente imposible teniendo en cuenta que sólo dispones de la solicitud de 10 unidades de instalación simultáneas, y que, por ejemplo, en el caso de Guinea, sus fondos ocupan 80 estanterías completas (Martino, 2014, p. 42). La finalización de este proyecto pondrá fin, más de 30 años después de la creación de la Sección África, a una de las principales barreras en el estudio de la presencia española en el continente, y no se puede obviar en este apartado el agradecimiento al incansable trabajo del cuerpo de archiveros del AGA, sin su ayuda el reto que supone enfrentarse a estos fondos sería aún más difícil.

---

5 En 1956 se pasó a llamar *Dirección General de Plazas y Provincias Africanas*, y con la independencia de Guinea *Dirección General para la Promoción del Sahara*, siempre dependientes del ministerio de Presidencia.

Después de las consideraciones en torno al acceso y la catalogación, es necesario centrarse en la legislación del Estado español en materia de archivos. Para los usuarios de las instituciones que contienen información contemporánea, las famosas carpetas "rojas" son una pesadilla recurrente. En ellas se sella documentación, y se indica, en el mejor de los casos, a partir de qué año podrá ser consultada. Hay dos leyes que explican esta situación: la primera es la *Ley de Protección de Datos de Carácter Personal* (Ley 15/1999), la segunda es la preconstitucional *Ley de Secretos Oficiales* (Ley 9/1968), modificada en 1978 por la actual legislación (Ley 48/1978). Las críticas por parte de archiveros e investigadores a esta ambigua normativa poco han mejorado con las actuales leyes ya mencionadas sobre la *Memoria Histórica* (Ley 52/2007) y de *Transparencia* (Ley 19/2013).

Las carpetas sujetas a la *Ley de Secretos Oficiales* son aquellas que no contienen fecha de apertura, y teniendo en cuenta la nula frecuencia con la que el Estado desclasifica documentación es previsible que su acceso siga sellado por mucho tiempo. Todos los países tienen leyes similares para clasificar información que en teoría puede poner en riesgo la seguridad colectiva, del Estado y la honorabilidad (Guevara, 2003, p. 413), pero que con el paso de los años deben quedar de libre acceso, pues en ningún caso su censura podrá ser perpetua. La aprobación de la primera ley al respecto coincide con la independencia de Guinea, y servirá para el posterior decreto de *materia reserva*da sobre el territorio que conllevará al olvido público, hechos nada casuales. La cultura política de España, poco transparente, ha llevado a la situación en que centenares de documentos que ya deberían estar desclasificados hace décadas, aún no puedan ser consultados (Rey Martínez, 2013, p. 2), y de forma evidente esta situación vulnera el derecho a la información de todos los ciudadanos y debe ser denunciada, por no tener comparación con la situación de ninguna otra democracia avanzada (Rey Martínez, 2013, p. 3). Los procesos de descolonización en África están plagados de carpetas rojas sujetas a esta ley (sobre todo en los archivos militares), y como es lógico su censura ya no responde, actualmente, a criterios de seguridad, sino a la premeditada ocultación de la historia, que recordemos, no es patrimonio del Estado sino colectivo. Para ejemplificar la gravedad de la cuestión, y su situación actual, sólo hay que recordar que en el 2010 el Ministerio de Exteriores clasificó parte de su actividad, y en 2012 se paralizó la desclasificación de 10.000 expedientes que la ex ministra de defensa Carme Chacón prometió hacer públicos (Rey Martínez, 2013, p. 10), entre los cuales se hallaban algunos relacionados con Guinea, el Sahara, Marruecos, y sus independencias.

La *ley de protección de datos* también dificulta notablemente el estudio de los procesos de descolonización de Guinea y el Sahara. Las carpetas sujetas a esta ley sí tienen una fecha de apertura, que normalmente responde a los 50 años establecidos por la legislación. En resumen, cualquier grupo de fondos que contengan datos personales posteriores a 1966, a día de hoy, quedan excluidos de la consulta. Los archiveros han denunciado la ambigüedad de esta norma, pues castiga duramente la revelación de este tipo de datos poco definidos, y por tanto los encargados de esta información optan por una aplicación rigurosa y restrictiva (Niño y Sanz, 2011, pp. 324). Se ha podido constatar tras solicitar la apertura de algunas carpetas con fecha vencida que muchos documentos se hubieran podido consultar mucho antes, pues se clasificaron utilizando la fecha más reciente de los documentos que albergaban. A su vez, cuando se solicita la consulta de unidades que habían estado fuera de los instrumentos de referencias del AGA, extraídas de los nuevos inventarios, previamente pasan por el jefe de sala, que clasifica aquellos documentos que aún no pueden ser de dominio público. La falta de medios para hacer una lectura más adecuada o revisar estas informaciones convierten en verdaderamente difícil la consulta de fondos con menos de 50 años de antigüedad.

En este sentido, y para finalizar, hay que destacar que la *ley de memoria histórica* del 2007 tuvo la iniciativa de crear un centro documental, situado en Salamanca, donde poder consultar todos los fondos referentes a la Guerra Civil y el periodo franquista. Pese a valorar positivamente esta iniciativa, la ley no legisló entorno a las situaciones generadas por la ley de secretos oficiales, ni la situación de los fondos referentes al periodo ubicados en otras instituciones, perpetuando una situación que las nuevas legislaciones deberían ayudar a paliar, y no agravar. Por otro lado, la *ley de transparencia*, a la que ya hemos hecho mención, se anunció como una oportunidad para mejorar la situación, pero el resultado ha sido la creación de una norma ambigua que sigue poniendo la seguridad del Estado y la honorabilidad de la personas por encima del acceso a la información, el conocimiento y el fomento de las investigaciones[6], sin instar a las desclasificaciones, ni anunciando más recursos para los archivos. De todos modos, hay que valorar que los procedimientos de solicitud de acceso y los tiempos de espera con esta legislación han cambiado, para dar un servicio más eficiente.

CONCLUSIONES

Con este texto se ha pretendido radiografiar la localización y situación de los fondos documentales africanos en España, así como valorar su acceso y la legislación que afecta al derecho a la información en general. Esta aproximación pretende ser de ayuda para aquellos que quieran iniciar investigaciones relacionadas con el colonialismo afrohispano, y sus procesos de independencia, no sin advertir de las dificultades que encontrarán una vez se enfrenten al problema de las fuentes. El

6 Se puede consultar el manifiesto (2014) de la cátedra complutense "memoria histórica S. XX" entorno a la cuestión, titulado: *El Acceso a los Archivos y la Memoria Histórica del S. XX.*

estado español tiene una cultura política basada en el hermetismo, hecho que nos ha llevado a una situación de secretismo institucional y administrativo entorno a ciertas cuestiones del pasado cercano. Imperar a la creación leyes de transparencia más avanzadas y a una política de desclasificación documental más acorde con los tiempos que vivimos es una obligación de los investigadores, los archiveros y los usuarios de los archivos, pues la ambigüedad normativa actual no es positiva para ninguna de las partes implicadas. A su vez la creación de una guía de fuentes actualizada en sinergia con todos los países implicados supondría también un avance, no sólo para los investigadores, también para aquellos guineanos, saharauis y marroquíes en busca de sus documentos acreditativos personales.

El África española sigue siendo esa gran desconocida, pese a que no hace aún 50 años sus límites territoriales aún eran parte de la España franquista. Ese pasado cercano merece ser explicado, necesita hacerse un lugar en los discursos de la recuperación de la memoria histórica, y sobre todo, deben ser de dominio público aquellos sucesos que hoy nos llevan a hablar de un modelo descolonizador nefasto con graves consecuencias geopolíticas. La historia de estos ciudadanos se encuentra en nuestros archivos, que si bien sirven para preservar y garantizar la consulta de estos fondos, también pueden ser una cárcel que los silencien y releguen al olvido.

BIBLIOGRAFÍA:

- FEBE FARIÑA, P. (2006). "¿Archivos al servicio del ciudadano? Paradojas y contradicciones de una legislación restrictiva e ineficaz", *Congreso de archivos de Canarias*, pp. 351-354.
- FERNANDO DE AVILÉS, P. (1992). "*La antigua Sección de África de la Biblioteca Nacional de Madrid: análisis de sus principales fondos*". Tánger: Biblioteca Española, p. 59-78.
- MARTINO, E. (2014). "La fuentes abiertas de Guinea Ecuatorial, o como descolonizar el archivo colonial", *Debats,* 123, pp. 42-47.
- NASEIRO RAMUDO, A. (2012). "La normalización descriptiva de los archivos privados de las colonias africanas en el archivo general de la administración". En González Cachafeiro, J. (coord.), *Actas de las 5as Jornada Archivando.* León: Fundación Sierra-Pambley, pp. 125-126
- NIÑO, A. y SANZ, C. (2012). "Los archivos, la intimidad de las personas y los secretos de Estado", *Cuadernos de historia contemporánea,* vol. 24, pp. 311.
- REY MARTÍNEZ, F. (2013). "Derecho de acceso a la información y secretos oficiales en el ordenamiento español", *Cuadernos Giménez Abad*, nº 5.

- RUIZ-RICO, C. (2014). "Breves consideraciones jurídicas en torno a la reciente ley española 19/2013, 9 de diciembre, de Transparencia, Acceso a la información Pública y Buen Gobierno", *Bol. Mex. Derecho Comparado*, vol. 47, nº 140.
- VALVERDE ZABALETA, M. (1995). "Fondos documentales para el estudio de la presencia española en el continente africano conservados en el Archivo General de la Administración", *Aldaba*, 25, pp. 159-205.

Recursos digitales y páginas web:

- Cátedra Memoria S. XX. (2014). *El Acceso a los Archivos y la Memoria Histórica del S. XX,* http://pendientedemigracion.ucm.es/info/memorias/documentos/MANIFIESTO_ArchivosMemoria%20Historica_siglo%20XX.pdf
- International Council on Archives. (1971) "España, guía de fuentes para el estudios del África subsahariana" en *2. Guía de fuentes para la Historia del África Subsa*hariana, Paris: UNESCO, https://docs.google.com/file/d/0B6Bw-KX3F6HXRkppUWpSZXdHNlk
- Ministerio del Interior. (2013). *Guia de documentos para saharauis*, http://publicacionesoficiales.boe.es.

LA COMUNIDAD SAHARAUI EN ESPAÑA

Raquel Hernández Saiz
Graduada en Periodismo y Comunicación Audiovisual
Universidad Rey Juan Carlos

1. LA MIGRACIÓN SAHARAUI A ESPAÑA

Antes de profundizar en la cuestión jurídica es necesario hacer un breve análisis del objeto de estudio. En este caso, esta primera aproximación nos llevará a conocer cuáles son los principales agentes que se movilizan dentro de la comunidad, qué causas les llevan al desplazamiento y cuáles son los medios que emplean para acceder al país de destino y desarrollarse en él.

Las causas de movilidad saharaui derivan de una inestabilidad política, un débil desarrollo económico, un exilio prolongado, y, lo más importante, un inmovilismo europeo en cuanto al desarrollo del referéndum de autodeterminación.

Todas las cuestiones anteriormente citadas tienen un denominador común, un tercer agente que imposibilita el crecimiento a todos los niveles del pueblo saharaui: su vecino Marruecos. Un país que ante la pasividad de la comunidad internacional decidió tomar un territorio que no le pertenecía y que, actualmente, sigue sin pertenecerle (recordemos que el Sahara Occidental ha sido declarado por Naciones Unidas como Territorio No Autónomo[1]).

1 ORGANIZACIÓN DE NACIONES UNIDAS (ONU) Las Naciones Unidas y la descolonización. Territorios No Autónomos. Western Sahara: territorial status, administering power.

Por otro lado, la población que se moviliza está constituida mayoritariamente por jóvenes saharauis, de entre 30-45 años, a los que se les conoce como "segunda generación del Polisario". Se les denomina así pues son un colectivo que vive, con la actual, su segunda gran migración extra territorial. La primera, por cuestiones de formación, para salir de los campamentos de refugiados hacia países de ideologías simpatizantes al Polisario como Cuba, Argelia o Libia. Y la segunda, por el hartazgo y el hastío que les produce a los jóvenes ver como las promesas de referéndum no terminan de llevarse a cabo.

La salida del país de origen suele estar reglada, pues tanto la embajada argelina como la embajada española en Argelia son las responsables de expedir visados de viaje a los saharauis exiliados en su territorio. Las causas de la expedición de estos visados son fundamentalmente por razones humanitarias, ya que al no ser la República Árabe Saharaui Democrática (RASD) un estado reconocido por parte de distintos países europeos, los migrantes podrían encontrarse grandes problemas a la hora de movilizarse. Por ello, la expedición de los visados les asegura viajar de una forma regular al país de destino. Esta garantía disminuye el riesgo de la ruta que toman para desplazarse, que generalmente suele ser a través de avión hacia Madrid.

El último punto definitorio se situaría en la exposición de su colectivo en el lugar de destino y la relación con el entorno. Uno de los mayores bagajes del pueblo saharaui es su formación y su trabajado discurso internacionalista que exhiben especialmente a través de redes sociales o plataformas en internet. Por último, la relación con el entorno estaría en cierta medida facilitada por cuestiones históricas, pues la mayor parte de los saharauis conocen el idioma.

2. CATEGORIZACIONES DEL PUEBLO SAHARAUI

Existen determinadas resoluciones judiciales que son claves para explicar la relación del pueblo saharaui con la justicia española. En primer lugar, es necesario hablar sobre la sentencia dictada por el Tribunal Supremo el 28 de septiembre de 1998, pues es un caso que explica de una forma exhaustiva el trato entre estos dos agentes y la evolución que han sufrido sus relaciones a lo largo de la historia.

El propio Tribunal reconoció en los primeros párrafos de dicha sentencia la complejidad de la cuestión saharaui, derivada de la colisión a la que se ve enfrentada la actual norma judicial con la anteriormente impuesta para la colonia del Sahara español.

http://www.un.org/en/decolonization/pdf/western_sahara.pdf

La falta de desarrollo normativo respecto a esta cuestión ha supuesto un auténtico quebradero de cabeza para el colectivo saharaui, quién ha visto con resentimiento mermadas sus garantías ante la ley.

Pero, para entender mejor cuál ha sido el proceso que ha vivido el pueblo saharaui a continuación quedarán reflejadas las distintas etapas históricas que explican la evolución de la interpretación judicial hasta la actualidad.

2.1 Provincialización

En 1958, tras la unión de los territorios de Saguia el Hamra y Río de Oro, surgió la provincia número 53[2], la del Sahara español. Entre los años 1950 y 1960, España incorporó a su dominio territorial las provincias de Ifni, Fernando Poo y Río Muni.

La adhesión de estos nuevos territorios puso de manifiesto cuestiones como: qué grado de inclusión iban a tener estos nuevos dominios o de qué derechos podrían gozar sus habitantes.

En este sentido, la sentencia anteriormente mencionada señalaba que existía por parte del Estado Español una "manifiesta y reiterada voluntad legislativa de equiparar el territorio [...] como extensión del territorio metropolitano, sin acepciones, con todas las vinculaciones políticas determinantes". Es decir, "se elevaban dichos territorios al rango de territorio nacional".

Por tanto, en un primer nivel y analizando las afirmaciones que sostiene el tribunal podríamos concluir que el grado de inclusión era prácticamente pleno. Pero, nos quedaría despejar una cuestión: cuáles eran los derechos de los que gozaban los habitantes de la colonia.

Para dar respuesta a este interrogante el tribunal recurrió a dos documentos. El primero, la ley del 19 de abril de 1991 en la que se exponía lo siguiente: "la provincia del Sahara gozará de derechos de representación en Cortes y demás organismos públicos correspondientes a las provincias españolas". Este hecho quedaría posteriormente documentado con diferentes casos de procuradores de las Cortes Franquistas de origen saharaui[3].

El segundo documento al que el tribunal recurrió fue la Orden del 29 de noviembre de 1966 que dictaminaba, en relación al artículo 1 del Decreto 2930/1966 para

---

2 Decreto 10 Enero 1958 (Presidencia). Territorios Españoles de África Occidental. Reorganiza el gobierno general. BOE núm. 12, de 14 de enero de 1958 (art. 1)

http://www.mpr.gob.es/servicios2/publicaciones/vol04/pag_05.html

3 RODRÍGUEZ MORILLO, M. J.: *Del Sahara español al Sahara de nadie: un recorrido histórico por la historia común de España y el Sahara Occidental.* The Social Science Post, 18 noviembre 2014. http://thesocialsciencepost.com/es/2014/11/del-sahara-espanol-al-sahara-de-nadie-un-recorrido-por-la-historia-comun-de-espana-y-el-sahara-occidental/

ejercer el derecho al voto del referéndum sobre el proyecto de Ley Orgánica del Estado, que tanto los ciudadanos nativos insulares como los residentes en las provincias del Sahara (que cumplieran ciertas condiciones) tenían derecho a votar.

Basándose en lo anteriormente expuesto, el tribunal concluye que:

> *[...] desde la vertiente de la participación política , clave para configurar el <status civitats> la asimilación era completa, tanto más cuanto que las profundas diferencias de orden social y jurídico privado, derivadas de ancestrales costumbres, de raíces en muchos casos religiosas, se consideraban a la sazón simples modalidades formales.*

A efectos prácticos también existían otras pruebas que afirmaban la equiparación entre los españoles insulares y los españoles nativos, lo que el juez denominó "signos de posesión de estado"[4]:

- El trabajo como funcionarios[5]de la administración, algo que solo estaba reservado a ciudadanos de nacionalidad española.(Algueró Cuervo, J. I. 2006)
- El pago de pensiones[6]para funcionarios saharauis. Incluso a este respecto, el Tribunal Supremo tuvo que abrir en 2013 un caso para devolver las pensiones a viudas de militares saharauis, que no podían haber probar la muerte de sus esposos.
- La expedición del DNI bilingüe que se otorgaba a los habitantes de la provincia del Sahara Español.

En definitiva, documentos que acreditaban el uso reiterado de la nacionalidad española.

Sin embargo, de no haber existido una etapa histórica posterior parecería razonable que las sentencias analizadas tras este periodo hubiesen sido favorables a la petición de nacionalidad. Pero, las circunstancias histórico- políticas que continuaron a la provincialización hicieron imposible la creación de una norma que sentara base sobre las futuras peticiones de la comunidad saharaui.

---

4 TRIBUNAL SUPREMO, Sala de lo Civil. *Sentencia Nº 1026/1998 (28/10/98). Recurso de casación Nº 617/1996- Votación y fallo (26/10/98)* http://www.derechos.org/nizkor/espana/doc/sahasente.html

5 ALGUERÓ CUERVO, J. I. (2006) *El Sahara y España: claves de una descolonización pendiente.* Pág. 232.

6 TOBELLA, A (2013*) El Supremo abre la vía a que viudas de militares saharauis reciban su pensión* (Diario- El país) http://politica.elpais.com/politica/2013/07/13/actualidad/1373747293_775813.html

2.2 Descolonización

Una nueva etapa llegaría a Europa en 1960, el denominado proceso de descolonización que, impulsado por la Resolución 1514 en la XV Asamblea General de Naciones Unidas, marcaría la tendencia jurídica y política que adoptarían gran parte de los países de la unión. Se creó la conocida como *Carta Magna de Descolonización*. Una vez se puso en marcha esta nueva forma de actuación, España comenzó a cambiar su discurso matizando el "hecho colonial".

El reconocimiento de este matiz suponía que todo ese status de equiparación quedaba deslegitimado en favor de la clara diferenciación entre la metrópoli y la colonia. Así lo reflejaba, como expone la sentencia del 28 de septiembre de 1998, la Ley del 19 de noviembre de 1975 que decía:

> *[...] el Estado Español ha venido ejerciendo como potencia administradora, plenitud de competencias sobre el territorio no autónomo del Sahara, que durante algunos años ha estado sometido, en ciertos aspectos de su administración, a un régimen peculiar con analogías al provincial y que nunca- recalcaba- ha formado parte del territorio nacional.*

A unos días de que la dictadura franquista llegara a su fin, las decisiones que tomó España en el Sahara fueron poco a poco quebrando las buenas relaciones mantenidas hasta ese momento. La afirmación que sostenía esta Ley y la posterior firma de los Acuerdos Tripartitos de Madrid terminarían de sellar la fractura definitiva entre el pueblo saharaui y la administración Española.

Esta nueva interpretación dio un giro a la doctrina y a la relación de antecedentes que se podían exponer para hacer favorable o no una sentencia. De lo que no hay duda, es que durante una breve etapa, el pueblo saharaui fue considerado de pleno derecho.

Las posturas antagónicas mostradas por el gobierno Español se convirtieron en un difícil obstáculo de sortear para los juristas, quienes debían decidir qué decisión primaba, teniendo en cuenta, además, la grave presión a la que se vía sometida el pueblo saharaui, exiliado en Argelia y sometido por Marruecos en el territorio ocupado. Sin embargo, el problema de la interpretación del poder judicial, enfrentado entre esta difícil dicotomía, a fin de solucionarse, cada vez se complicó más. La entrada de nuevos agentes en la escena como Marruecos o Argelia, y las controvertidas decisiones posteriores, terminarán de engrosar el problema.

Un año después de la descolonización, en 1976, el gobierno español redactó un Real Decreto sobre la opción de la nacionalidad española para los naturales del Sáhara, en el que se exponía lo siguiente:

En consideración a estas circunstancias (las históricas de la descolonización), resulta justo conceder la nacionalidad a aquellas personas pertenecientes a la población autónoma del Sahara que, reuniendo las condiciones necesarias, expresen ese derecho en un plazo prudencial.

Esta medida mostró una voluntad histórica del gobierno quien admitía y reconocía esa vinculación pasada. Pero, por otro lado, mostraba una contradicción, pues de alguna forma, se pretendía, precipitadamente, reconocer la nacionalidad que anteriormente había sido revocada para reparar la conciencia histórica.

Las condiciones bajo las que se reconoció la nacionalidad quedaban delimitadas en el artículo primero del Real Decreto que decía:

Se reconoce el derecho a optar por la nacionalidad española a los naturales del Sahara que residiendo en territorio nacional estén provistos de documentación general española, o que encontrándose fuera de él se hallen en posesión del documento nacional de identidad bilingüe expedido por las Autoridades españolas, sean titulares del pasaporte español o estén incluidos en los registros de las representaciones españolas en el extranjero.

No obstante, el punto que más polémica causó del Real Decreto no fue la exigencia de ciertas condiciones, sino el plazo que se otorgó para llevarlas a cabo:

Art. 2. Los que pretendan acogerse a lo previsto en el artículo anterior deberán manifestarlo así en el plazo máximo de un año, a partir de la entrada en vigor del presente Decreto (al día siguiente de la publicación en el BOE) [...]

Dado que se concedió un plazo de un año, el derecho de opción caducó antes de que se aprobara la Constitución Española, cuyo artículo 11.2 establece que ningún español podrá ser privado de su nacionalidad (M. J. López Baroni 2014). Es decir, por un breve margen temporal, el Estado español no contempla la adquisición de la nacionalidad para los naturales saharauis como un derecho fundamental y en sentencias actuales[7] ha defendido el siguiente posicionamiento:

[...] la opción por la nacionalidad española de los saharauis fue una posibilidad articulada en el Decreto 2258/1976, de 10 de agosto, a ejercitar por el periodo de un año y solo para los que reunían las condiciones"

7 TRIBUNAL SUPREMO, Sala de lo Contencioso-Administrativo. *Sentencia Nª 10503/2003 (20/11/2007). Sentencia estimatoria Votación (19/09/2007)*http://www.acnur.org/t3/fileadmin/Documentos/BDL/2008/6803.pdf?view=1

2.3 Actualidad

Tras el análisis anterior podemos concluir que todos aquellos nacidos en la provincia del Sahara Occidental que no pudieron acreditar su identidad como españoles, ya sea por el exilio o la guerra, quedaron despojados de la opción de ser reconocidos como españoles de pleno derecho.

Actuales resoluciones emitidas por la Dirección General de los Registros y el Notariado, como por ejemplo, la resolución del 18 junio 2014 señalaba que los nacidos en los territorios de Sahara Occidental "no eran considerados propiamente españoles, sino solo súbditos de España que se beneficiaban de la nacionalidad española".

Abandonando la idea de ser reconocidos como españoles, los saharauis tendrán dos vías más para agotar frente al Estado Español, en lo que respecta a su condición o categorización. Por un lado, establecerse como apátrida y por otro lado establecerse como refugiado, con las múltiples diferencias que cada una de las opciones conlleva.

2.3.1 Apátrida

El término fue definido en el artículo 1 de la Convención de los Apátridas de 1954 como: "toda persona que no sea considerada como nacional suyo por ningún estado, conforme a su legislación". En su artículo 2 aclara que la convención de apátrida no se aplicará a:

I.-Las personas que reciben actualmente protección o asistencia de un órgano u organismo de las Naciones Unidas, distinto al Alto Comisionado para los Refugiados (ACNUR), mientras estén recibiendo tal protección o asistencia.

II.-Las personas quienes las autoridades competentes del país donde hayan fijado su residencia reconozcan los derechos y obligaciones inherentes a la posesión de la nacionalidad del país.

Una vez definido el término cabe destacar que esta opción: es desconocida para una parte de la población, significa reconocer de forma implícita que la RASD no es un Estado y es un procedimiento muy tedioso, pues los tiempos de espera hasta que la resolución quede admitida o denegada, se pueden prolongar más de cuatro años.

Las dos condiciones por las cuales no sería aplicado el estatuto de apátrida fueron y son el principal quebradero de cabeza de cientos de saharauis que han tenido que someter su solicitud a distintas instancias judiciales.

Para agrupar las diversas interpretaciones que se han contemplado en los tribunales resumiremos los postulados en tres ejes: a) negación del estatus de apátrida por reconocimiento de la nacionalidad marroquí, b) negación del estatus de apátrida por reconocimiento de la nacionalidad argelina y c) reconocimiento de protección por parte de un organismo de Naciones Unidas distinta al Alto Comisionado para los Refugiados.

a. **Negación del status de apátrida por reconocimiento de la nacionalidad marroquí**

La pauta que adoptó en diferentes sentencias tanto la Audiencia Nacional como la Administración española fue la del no reconocimiento de apátrida por entender que Marruecos ofrecía la opción de constituirse como nacional marroquí a los saharauis que así lo desearan. Es decir, alegaban que los saharauis sí eran reconocidos por un estado conforme a su legislación, pero partía de su voluntariedad negarse a recibir tal nacionalidad.

Frente a esta interpretación se encontraba la proporcionada por el Tribunal Supremo, quien hacía un análisis más amplio de la cuestión. En primer lugar, reconocía que:

[...] el otorgamiento de nacionalidad exige el cumplimiento de una serie de requisitos previstos por la legislación interna del país que la otorga, e implica su previa solicitud y su posterior y voluntaria aceptación surgiendo con el nuevo país un vínculo jurídico de derechos y obligaciones que la nacionalidad implica y presenta.

Asimismo, la sentencia 10503/2003 vuelve a recalcar esta postura y añade una nueva perspectiva referente a la ocupación del Sahara por parte de Marruecos:

Existe un cierto consenso en el derecho internacional, en relación con la cuestión concreta relativa a la sucesión de Estados, de conferir, en orden a la nacionalidad, un derecho de opción entre la nacionalidad del Estado predecesor y el sucesor en el territorio. Mas tal posibilidad no resulta de aplicación en el supuesto de autos en el que, en realidad y como sabemos, los saharauis no contaban, como regla general, con la nacionalidad española en el momento de la ocupación del territorio de Marruecos, contaron en determinados supuestos, con poder acogerse a la nacionalidad española, pero, sobre todo, de forma tácita pero evidente, se negaron a adoptar la nacionalidad del, dicho sea sin valoración jurídica, país sucesor, pasando a la condición de refugiados en otro país vecino.

Por otro lado, la Corte Internacional de Justicia señalaba, en esta misma línea que:

[...] los elementos e informaciones puestos a su disposición no demostraban la exigencia de ningún vínculo de soberanía territorial entre el territorio del Sáhara Occidental y el Reino de Marruecos o el complejo mauritano.

Tras conocer los pronunciamientos de estos dos altos órganos judiciales, las interpretaciones iniciales de la Audiencia Nacional y la Administración española quedaron contrapuestas y, en cierta medida, deslegitimadas, pues se reducían a un análisis poco profundo de la cuestión.

De hecho, también se obvia en este primer análisis que el Sahara es un Territorio No Autónomo que Marruecos ocupó ilegítimamente y militarmente y que la población vive: o en un estado de indefensión en los territorios ocupados, o en el exilio prolongado en tierras argelinas.

b. **Negación del status de apátrida por reconocimiento de la nacionalidad argelina**

Recordemos, para desarrollar este nuevo punto, la definición de apátrida: "toda aquella persona que no sea considerada como nacional suyo por ningún estado, conforme a su legislación". Una vez aclarado este punto, a continuación comprenderemos los motivos por los cuales la Audiencia Nacional y la Administración española denegaron la condición de apátridas a determinados solicitantes.

El argumento más recurrente fue que la mayor parte de los saharauis que llegaban a España, lo hacían gracias a un pasaporte expedido por Argelia, lo cual hacía ver, a ojos del tribunal, que existía un mutuo acuerdo (reflejo de voluntariedad) entre el Frente Polisario y Argelia para la expedición de pasaportes. De no ser así, era responsabilidad del demandante acreditar que esa conclusión no era cierta y, por tanto, debía "agotar todas la vías de impugnación existentes en la legislación argelina".

Sin embargo y ante esta postura, volvemos a encontrar la tomada por el Tribunal Superior que expone, tanto en la sentencia 10503/2003, como en múltiples casos compilados en el informe 8 del estatuto de apátridas a solicitantes saharauis de ACNUR, lo siguiente:

Lo acontecido con la recurrente, y con otros saharauis en condiciones similares, es que Argelia, por razones humanitarias, documenta a los saharauis refugiados en su territorio, en concreto, en el desierto cercano a Tinduff, con la finalidad de poder salir por vía aérea a países que, como España, no tienen

8 DE LEÓN MARCOS, R. M, CEAR. (2013) *Compilado de Sentencias que conceden el estatuto de apátrida a los solicitantes del Sahara* http://cear.es/wp-content/uploads/2013/08/SAHARAUIS.-2013.-Compilado-de-Sentencias-que-conceden-apatridia.pdf

reconocido como país a la República Árabe Saharaui Democrática; documentación consistente en la emisión del pasaporte al que el Consulado Español en Argel acompaña el correspondiente visado. Más, con tal actuación, en modo alguno se está procediendo al reconocimiento de la nacionalidad argelina por los saharauis, la cual, por otra parte, como ocurre con el Reino de Marruecos, tampoco es solicitada o deseada por los mismos. No se trata pues, del otorgamiento del vínculo de nacionalidad, sino de una mera actuación de documentación de un indocumentado con la expresada finalidad humanitaria de poder desplazarse [...]

c. **Reconocimiento de protección por parte de un organismo de Naciones Unidas distinta al Alto Comisionado para los Refugiados**

Por último, otro de los argumentos que utilizó y utiliza, tanto la Audiencia Nacional como la Administración española, fue el de considerar a los saharauis personas protegidas, como reza el título del epígrafe, por organismos de Naciones Unidas distintos al Alto Comisionado para los Refugiados.

El 21 de abril de 1991, a través de la resolución 690, el Consejo de Seguridad de Naciones Unidas creó la Misión de Naciones Unidas para la Organización del Referéndum en el Sahara Occidental (MINURSO) que tenía como objetivos:

Supervisar el cese del fuego entre el Reino de Marruecos y los saharauis, verificar la reducción de tropas marroquíes en el territorio del Sahara, supervisar el intercambio de prisioneros de guerra, hacer efectivo el programa de repatriación, identificar y registrar a las personas con derecho a voto; así como a organizar y asegurar la celebración de un referéndum libre y justo, dando a conocer los resultados.

Por lo tanto, los objetivos estaban divididos en dos grupos: aquellos relacionados con la situación bélica y los relacionados con el referéndum. Si bien es cierto, la paz se instaló en la zona tras el alto al fuego de 1991, sin embargo, la segunda cuestión a día de hoy continúa sin resolverse.

Aun así, la Audiencia Nacional, interpretó que pese a ser una misión incompleta, pues no se habían cumplido todos su objetivos primigenios, sí se había aplicado una protección del pueblo en diferentes niveles.

La declaración de refugiado, en el caso saharaui, se encuentra ante el mismo problema pues la Convención sobre el Estatuto de los Refugiados de 1957[9]

9 ACNUR *Convención sobre el Estatuto de los refugiados. Adoptada en Ginebra*, Suiza, el 28 de julio de 1951 por la Conferencia de Plenipotenciarios sobre el Estatuto de los Refugiados y de los Apátridas,

también expone que no se aplica la condición de refugiado a aquellas personas que reciban dicha protección. Y añade, como elemento diferencial:

Cuando esta protección o asistencia haya cesado por cualquier motivo, sin que la suerte de tales personas, se haya solucionado definitivamente con arreglo a las resoluciones aprobadas sobre el particular por la Asamblea General de Naciones Unidas, esas personas tendrán ipso facto derecho a los beneficios de esta convención.

Por todo ello, y como respaldo para su interpretación, la Audiencia Nacional dirimía que estaba sobradamente cubierta la protección de los saharauis, que se extendía a:

[...] disfrutar de los elementos esenciales de la protección internacional recogidos en la Convención sobre el Estatuto de los refugiados, como son la garantía de no devolución, la asistencia material y la expedición de documentos como el pasaporte que los identificaba y les permitía viajar fuera de Argelia y regresar.

Para rebatir esta interpretación intervino la Gran Sala del Tribunal de Justicia de la Unión Europea que zanjaba la cuestión estimando que "bastaba con el mero hecho de que una misión no cumpliese su cometido para solicitar asilo en Europa10".

2.3.2 Refugiado

El término refugiado queda definido en el artículo 1-A (2) la Convención sobre el Estatuto de los Refugiados de 1957 como:

Persona que debido a sus temores de ser perseguida por motivos de raza, religión, nacionalidad, pertenencia a un determinado grupo social u opiniones políticas, se encuentre fuera del país de su nacionalidad y no pueda, o a causa de sus temores, no quiera acogerse a la protección de tal país; o que, careciendo de nacionalidad y hallándose, a consecuencia de tales acontecimientos, fuera del así donde

convocada por la Asamblea General en su resolución 429 (V) del 14 de diciembre de 1950 http://www.acnur.org/t3/fileadmin/scripts/doc.php?file=t3/fileadmin/Documentos/BDL/2001/0005

10 TRIBUNAL DE JUSTICIA DE LA UNIÓN EUROPEA. Gran Sala. *Sentencia del 19 de diciembre de 2012,* TJCE\2012\400

antes estuviera su residencia habitual, no pueda o, a causa de sus temores, no quiera regresar a él.

Apoyando lo mencionado anteriormente, el artículo 1-C de dicha convención expone cuáles son los casos en los cuales no se otorgará el estatus de refugiado:

1. Si se ha acogido de nuevo, voluntariamente a la protección nacional del país de su nacionalidad
2. Si habiendo perdido su nacionalidad, la ha recobrado voluntariamente.
3. Si ha adquirida una nueva nacionalidad, disfruta de la protección del país de su nueva nacionalidad.
4. Si voluntariamente se ha establecido de nuevo en el país que había abandonado o fuera del cual había permanecido por temor de ser perseguido.
5. Si por haber desaparecido las circunstancias en virtud de las cuales fue reconocida como refugiado, no puede continuar negándose a acogerse a la protección del país de su nacionalidad.
6. Si se trata de una persona que no tiene nacionalidad, y por haber desaparecido las circunstancias en virtud de las cuales fue reconocido como refugiado, están condiciones de regresar al país donde antes tenía su residencia habitual.

En el caso de los saharauis todas estas condiciones deberían de ser matizadas. En primer lugar, el territorio del Sahara, a nivel internacional, no es reconocido como una nación ni la RASD como un Estado. Por tanto, los saharauis no tienen la opción de recobrar voluntariamente una posible nacionalidad perdida.

Por otro lado, el adquirir la nacionalidad de sus países vecinos les supondría renunciar a dos de sus pilares más importantes, el de la defensa de la creación de un estado a través del referéndum de autodeterminación y su propia identidad como saharauis. Además, el régimen de libertades que viven los saharauis de los territorios ocupados es bastante limitado.

Desde hace unos años, la administración marroquí está poniendo trabas a la concesión de permisos a periodistas internacionales que quieren adentrarse en el país para narrar las dificultades que padecen los saharauis de los territorios ocupados. Recordemos que, como se dice en la jerga periodística, aquello que no se cuenta no existe.

Y, por último, como hemos podido comprobar por el análisis de las sentencias anteriores la posibilidad de constituirse como nacionales españoles escapa de sus posibilidades. A lo único que aspiran es a constituirse como apátridas, algo que también merma su propia identidad y sus valores de lucha.

3. SÍ A LOS SEFARDÍES

Existen, como hemos podido comprobar a lo largo del análisis, numerosas trabas que han dificultado el acceso a la nacionalidad española para comunidad saharaui. Y este hecho, que si ya es flagrante per se, refleja que vivimos en una sociedad ambivalente, pues esta doctrina se aplica exclusivamente con los naturales del Sahara.

Atónitos al transcurso de los acontecimientos, cientos de saharauis han podido ver como el ejecutivo español, haciendo reformas en la redacción del artículo 22.1 del Código Civil español, les ha dejado desprovistos de otra vía de acceso a la nacionalidad. Y lo más grave, han comprobado cómo se ha generado un discurso en favor del pueblo sefardí olvidándose, nuevamente, de la existencia de otros colectivos que también tuvieron relación con España y que, a día de hoy, continúan al margen de la ecuación.

El artículo 22.1 del Código Civil incluye en su redacción:

> *Para la concesión de la nacionalidad por residencia se requiere que ésta haya durado diez años. Serán suficientes cinco años para los que hayan obtenido la condición de refugiado y dos años cuando se trate de países iberoamericanos, Andorra, Filipinas, Guinea Ecuatorial, Portugal o de sefardíes.*

El motivo que ha alegado el gobierno para justificar esta modificación ha sido el de explicar los profundos lazos sociales, históricos, morales o culturales que España mantuvo con la comunidad sefardí. Pero, ¿se olvida el gobierno de que el Sahara Occidental también mantuvo importantes lazos con España? Es más, no solo tuvo vínculos, en algún momento histórico, también fue una extensión de la metrópoli convirtiéndose en la provincia número 53.

Sin embargo, sería poco inteligente hablar de esta cuestión en términos absolutos, pues cada una de las comunidades es distinta y habría que estudiarla específicamente junto a sus circunstancias históricas. Aunque, en cierta medida, es inevitable hacer esta generalización, pues parece haber un propósito de negación con la cuestión Saharaui, ya que en los últimos años se ha reconocido en el Congreso de los Diputados a Palestina como Estado, se ha creado una ley específica para que los sefardíes accedan a la nacionalidad española a través de una vía más sencilla o, en última instancia, se han admitido como pruebas fehacientes para distintos procesos judiciales documentación de Kosovo, cuando ni si quiera es un Estado reconocido por España.

Por lo tanto, todas estas premisas pueden llegar a sembrar una sospecha sobre si el tratamiento que reciben los saharauis es un reflejo de premeditación y alevosía, o meramente es una cuestión difícil de gestionar desde la perspectiva nacional.

Pero, a pesar de las condiciones más laxas ofrecidas para la comunidad sefardí, ningún colectivo se libra de enfrentarse a una legislación en la que siguen residiendo requisitos desiguales que podrían suponer la discriminación de diferentes colectivos.[11]

Lo más significativo de la cuestión es que desde el inicio de la democracia, todos los partidos políticos, sean del color que fueren, han mantenido el estatus quo en el Sahara, algunos haciendo promesas nunca cumplidas y otros ignorando el problema. Sin duda, lo que los ciudadanos españoles hemos podido percibir, estos últimos años, es la evidente falta de voluntad de los ejecutivos, que no tiene como raíz una falta de ideas para solucionar el conflicto, pues si las hay. De hecho, este mismo 24 de abril de 2015, el Grupo Parlamentario Mixto presentó una propuesta de ley al Senado para modificar la legislación vigente en los términos referidos a la nacionalidad. La propuesta incluía desde la adhesión de algunos pueblos excluidos en la norma, hasta la petición expresa del reconocimiento de los documentos expedidos por la RASD.

La proposición que pretendía dar un vuelco al actual sistema y sentar base para la negociación posterior, se volvió a quedar en el cajón de los objetos perdidos, ya que siguen sin llegar respuestas efectivas. De hecho, el ejecutivo de Mariano Rajoy, en su anterior legislatura, afirmó que no tenía prevista "ninguna iniciativa legislativa al respecto del asunto", aun reconociendo el propio ministro de justicia, Rafael Catalá, que el problema al que los saharauis se enfrentaban era arduo, tedioso y complicado en lo que respecta al logro de sus fines.

CONCLUSIONES

Este artículo expone una muestra simbólica de la actividad que se ha llevado a cabo en los tribunales. Respecto al asunto de la nacionalidad saharaui, el número de sentencias es inconmensurable y quedan al margen de este estudio cuestiones de ámbito internacional como la adaptación del derecho nacional a las Directivas europeas que emanan de la unión.

A fin de concluir, extraigo de este análisis que la comunidad saharaui debería poder, al menos, obtener el estatuto de refugiados, apátridas o personas con necesidades de protección subsidiara en cualquier país europeo, ya que la situación en el Sahara Occidental, no permite hablar de un sistema judicial eficaz y efectivo, y las condiciones de vida de estos ciudadanos son bastante precarias.

11 DESALAMBRE. *Conseguir la nacionalidad española costará al menos 100 euros a partir de mañana.* (Eldiario.es) 14 /10/2015 http://www.eldiario.es/desalambre/Conseguir-nacionalidad-tramite-gratuito-manana_0_441306115.html

También cabría destacar las discordancias mostradas entre los diferentes órganos judiciales españoles. Mientras la Audiencia Nacional daba interpretación a las sentencias de un modo más purista y ajustado al marco normativo, el Tribunal Supremo hacía una interpretación más subjetivista, que incluso podríamos decir que excedería lo judicial para adentrarse en terreno político. De igual forma, habría que destacar la visión humanitaria con la que el Tribunal Supremo ha estado calificado la situación saharaui.

Por último, recordar que éste no es un asunto obsoleto en la actualidad pues siguen sucediéndose numerosos casos, aunque no se expongan en la agenda mediática.

BIBLIOGRAFÍA

- ALGUERÓ CUERVO, J. I. (2006) *El Sahara y España: claves de una descolonización pendiente* Pág. 232. Ediciones Idea.
- Artículos de periódicos
- ARMENTIA, IKER (2015) *La traición española al Sahara Occidental cumple 40 años (y la traición continúa.* AL MARGEN (Eldiario.es) http://www.eldiario.es/norte/almargen/traicion-espanola-Sahara-Occidental-cumple_6_436466377.html
- DOMÍNGUEZ, HUGO. (2015) *España niega la nacionalidad a los refugiados saharauis por proceder de un país no reconocido.* DESALAMBRE. (Eldiario.es) http://www.eldiario.es/desalambre/Espana-sistematicamente-nacionalidad-refugiados-reconocido_0_355215434.html
- SÁNCHEZ GABRIELA, OLÍAS LAURA (2015). *La policía pretende expulsar a un activista saharaui condenado a cadena perpetua por Marruecos.* DESALAMABRE. (Eldiario.es) http://www.eldiario.es/desalambre/activista-saharaui-condenado-perpetua-Marruecos_0_438857165.html
- SOROETA, J. (2008) *La apátrida de los saharauis. (Diariovasco.com) http://www.diariovasco.com/20080109/opinion/apatridia-saharauis-20080109.html*
- TOBELLA, A (2013) *El Supremo abre la vía a que viudas de militares saharauis reciban su pensión* (Diario- El país) http://politica.elpais.com/politica/2013/07/13/actualidad/1373747293_775813.html
- Fuente: EFE. (2015) *Los saharauis denuncian que el Gobierno les niega la nacionalidad española. http://www.europapress.es/epsocial/inmigracion-00329/noticia-mas-1100-personas-patria-pidieron-espana-proteccion-ano-pasado-cifra-mas-alta-decada-20141108122935.html*
- Fuente: EFE (2014) *Estrasburgo obliga a España a reconocer a 30 saharauis a los que se negó asilo. http://www.publico.es/politica/estrasburgo-obliga-espa%C3%B1a-acoger-30.html*

- Fuente EUROPA PRESS. (2014) *Más de 1.100 personas sin patria pidieron a España protección el año pasado, la cifra más alta de la década. http://www.europapress.es/epsocial/inmigracion-00329/noticia-mas-1100-personas-patria-pidieron-espana-proteccion-ano-pasado-cifra-mas-alta-decada-20141108122935.html*
- Fuente: EUROPA PRESS (2015) *Conseguir la nacionalidad española costará al menos 100 euros a partir de mañana.* DESALAMBRE (Eldiario.es) http://www.eldiario.es/desalambre/Conseguir-nacionalidad-tramite-gratuito-manana_0_441306115.html

Recursos digitales y Páginas web

- ACNUR *Convención sobre el Estatuto de los refugiados. Adoptada en Ginebra,* Suiza, el 28 de julio de 1951 por la Conferencia de Plenipotenciarios sobre el Estatuto de los Refugiados y de los Apátridas, convocada por la Asamblea General en su resolución 429 (V) del 14 de diciembre de 1950 http://www.acnur.org/t3/fileadmin/scripts/doc.php?file=t3/fileadmin/Documentos/BDL/2001/0005
- BOLETÍN DEL MINISTERIO DE JUSTICIA. *Resoluciones de la Dirección General de los Registros y del Notariado (2015)*
- *http://www.mjusticia.gob.es/cs/Satellite/Portal/1292427312362?blobheader=application%2Fpdf&blobheadername1=Content-Disposition&blobheadername2=ResolucionDGRN&blobheadervalue1=attachment%3B+filename%3DResoluciones_de_la_Direccion_General_de_los_Registros_y_el_Notariado._Registro_Civil._Junio_de_2014..PDF&blobheadervalue2=1288790522255*
- BOLETÍN DEL MINISTERIO DE JUSTICIA. *Resoluciones de la Dirección General de los Registros y del Notariado (2015)*
- *http://www.mjusticia.gob.es/cs/Satellite/Portal/1292427312362?blobheader=application%2Fpdf&blobheadername1=Content-Disposition&blobheadername2=ResolucionDGRN&blobheadervalue1=attachment%3B+filename%3DResoluciones_de_la_Direccion_General_de_los_Registros_y_el_Notariado._Registro_Civil._Junio_de_2014..PDF&blobheadervalue2=1288790522255*
- BRINGAS FUNGAIRIÑ, E (2011) *Los saharauis y la nacionalidad española.* Diario del Derecho. Estudios y Comentarios. Opinión
- http://www.iustel.com/diario_del_derecho/noticia.asp?ref_iustel=1051843
- DE LEÓN MARCOS, R. M, (2013) *Compilado de Sentencias que conceden el estatuto de apátrida a los solicitantes del Sahara.* Elaborado por: Comisión Española de Ayuda al Refugiado. (CEAR) http://cear.es/wp-content/uploads/2013/08/SAHARAUIS.-2013.-Compilado-de-Sentencias-que-conceden-apatridia.pdf

- GÓMEZ MARTIN, CARMEN. *Saharauis: una migración circular entre España y los campamentos de refugiados de Tinduf. http://www.flacsoandes.edu.ec/sites/default/files/%25f/agora/files/saharauis-libre.pdf*
- LÓPEZ BARONI (2014) *Apátridas saharauis en España: Europa y su memoria.* Anuario Mexicano de Derecho Internacional. Vol. 14. http://www.elsevier.es/es-revista-anuario-mexicano-derecho-internacional-74-articulo-apatridas-saharauis-espana-europa-su-90369560
- ORGANIZACIÓN DE NACIONES UNIDAS (ONU) Las Naciones Unidas y la descolonización. Territorios No Autónomos. Western Sahara: territorial status, administering power. http://www.un.org/en/decolonization/pdf/western_sahara.pdf
- RODRÍGUEZ MARÍN, ELVIRA. (2013) *La situación jurídica de los saharauis. http://www.europapress.es/epsocial/inmigracion-00329/noticia-mas-1100-personas-patria-pidieron-espana-proteccion-ano-pasado-cifra-mas-alta-decada-20141108122935.html*
- RODRÍGUEZ MORILLO, M. J.: *Del Sahara español al Sahara de nadie: un recorrido histórico por la historia común de España y el Sahara Occidental.* The Social Science Post, 18 noviembre 2014. http://thesocialsciencepost.com/es/2014/11/del-sahara-espanol-al-sahara-de-nadie-un-recorrido-por-la-historia-comun-de-espana-y-el-sahara-occidental/
- RODRÍGUEZ UGARTE, J. J. (2006) *La situación de los refugiados en España.* Informe 2006. Elaborado por: Comisión Española de Ayuda al Refugiado. (CEAR) https://books.google.es/books?id=ivQzDxIN5KkC&pg=PA131&dq=saharaui+apatrida&hl=es&sa=X&ved=0ahUKEwjY7IPNuPfJAhVQhhoKHQ-ADMgQ6AEIKTAC#v=onepage&q=saharaui%20apatrida&f=false
- SZENTE-VARGA, MÓNIKA (2012) *Una fuerza transaccional: los saharauis en España.* Pannon University, Hungary. ¡Error! Referencia de hipervínculo no válida.
- Fuentes normativas y jurisprudenciales
- DECRETO 10 Enero 1958 (Presidencia). Territorios Españoles de África Occidental. Reorganiza el gobierno general. BOE núm. 12, de 14 de enero de 1958 (art. 1) http://www.mpr.gob.es/servicios2/publicaciones/vol04/pag_05.html
- TRIBUNAL DE JUSTICIA DE LA UNIÓN EUROPEA. Gran Sala. *Sentencia del 19 de diciembre de 2012,* TJCE\2012\400
- TRIBUNAL SUPREMO, Sala de lo Civil. *Sentencia Nº 1026/1998 (28/10/98). Recurso de casación Nº 617/1996- Votación y fallo (26/10/98)* http://www.derechos.org/nizkor/espana/doc/sahasente.html
- TRIBUNAL SUPREMO, Sala de lo Contencioso-Administrativo. *Sentencia N.ª 10503/2003 (20/11/2007). Sentencia estimatoria Votación*

- *(19/09/2007)*http://www.acnur.org/t3/fileadmin/Documentos/BDL/2008/6803.pdf?view=1
- TRIBUNAL DE JUSTICIA DE LA UNIÓN EUROPEA. Gran Sala. *Sentencia del 19 de diciembre de 2012,* TJCE\2012\400

PRESENCIA Y ACCIÓN SOCIAL DE LAS EMPRESAS ESPAÑOLAS EN BRASIL

José Manuel Azcona Pastor
Profesor de Historia Contemporánea
Universidad Rey Juan Carlos

Javier Avilés Barandiarán
Doctor en Cine, Televisión y Medios Interactivos
Universidad Rey Juan Carlos

1. LA SITUACIÓN ACTUAL EN BRASIL

Brasil es, sin duda, junto a Rusia, India, China y México, una de las naciones emergentes más relevantes de la actualidad a nivel mundial. En 2016 ocupa el quinto puesto en población, después de China, India, los Estados Unidos de Norteamérica e Indonesia. Y algunas de sus ciudades son las más habitadas del planeta, como acontece con São Paulo, la cuarta urbe más poblada del mundo con más de dieciocho millones de habitantes, después de las capitales de Japón, México y la metrópoli más poblada de los Estados Unidos de Norteamérica[1]. La economía brasileña es asimismo una de las que efectúa mayor aporte al PIB mundial. Y en cuanto a producción agrícola Brasil ocupa después de China, la India, Estados Unidos y Japón, el quinto puesto y el décimo quinto en extracción de petróleo. Sus recursos naturales, su capacidad exportadora, la vigente economía en expansión y su abundante población, relativamente joven, convierten a Brasil igualmente en la principal potencia

1 Azcona, José Manuel. "Brasil, la potencia emergente. Tradición migratoria y negocio español en auge" en Azcona, José Manuel (Dir.), *Las dimensiones de la presencia española en Brasil*, Madrid, Editorial Universitas, 2010, p. 47.

de Iberoamérica y en una de las diez más significativas del panorama mundial en nuestros días:

El crecimiento anual de la población, entre 2010 y 2015, se prevé que será del 1,08%. Los habitantes por kilómetro cuadrado son 22,2. Las personas que ocupan la franja de menos de 15 años, son el 27,8% y la de más de 60, el 8,8%. El número de hombres por cada cien mujeres es de 97. El crecimiento medio de la economía, entre 1999 y 2000, ha sido del 3,8%. Por sectores, el 5,2% de la población activa se dedica a la agricultura, el 30,1% a la industria y el 64,7% a los servicios. El PIB per cápita es de 5.650 dólares y el PIB per cápita en paridad de poder adquisitivo (Estados Unidos = 100) es del 20,4%. El índice de libertad económica acota la cifra de 55,9%. La composición del PIB es de la siguiente manera: consumo privado (60,4% del total), consumo público (19,8%), inversores (16,5%), exportaciones (14,6%), importaciones (11,7%). La tasa de desempleo, entre 1999 y 2009, se cifra en el 10% de la población activa[2].

Se trata de un país que ha sabido sortear además la última crisis económica mundial -la cual ha afectado en mayor proporción a las potencias desarrolladas- situándose en la sexta economía en el año 2010:

Brasil ha sabido aprovechar la crisis económica que afecta especialmente a los países desarrollados y se ha situado como la séptima economía mundial (2010) y avanza según las previsiones oficiales hacia ser la sexta (2020). Es la mayor de América Latina con un producto interior bruto (PIB) en 2009 de 1.572.876 millones de dólares (2,68 por 100 del PIB mundial y 57 por 100 del regional), la más poblada (191.972 millones de habitantes), la más extensa (8.514.876 km2) casi el doble que Europa. Ha sido uno de los países latinoamericanos que mejor ha resistido la crisis financiera y económica, cerrando el 2009 con leve decrecimiento de su PIB (-0,2 por 100), teniendo una evolución positiva para el 2010 con un aumento del 7,5 por 100, similar al obtenido antes de la crisis (8 por 100) y una previsión para 2011 del 6 por 100[3].

En 2015 era la séptima economía del mundo. La producción masiva de biocombustibles ha permitido a Brasil convertirse en una de las potencias emergentes que más fulguran en el tablero internacional por su competitividad:

Un rasgo distintivo que le permitió a este país transformarse en potencia emergente, con mayúsculas, fue la producción masiva de biocombustibles. En el año 2006, Estados Unidos había sido el primer suministrador mundial de bioetanol, con el 36% del total. Luego venía Brasil con el 33% del conjunto mundial de bioetanol, con el añadido de un coste en origen extremadamente competitivo: menos de

2 Azcona, José Manuel. "Brasil, la potencia emergente… p. 48.

3 Casilda Béjar, Ramón. "Brasil: la gran apuesta de las empresas españolas". *Boletín Económico de ICE*, Nº 3014, 2011, p. 33.

la mitad de lo que se pagaba en la UE por su producción local. China iba por detrás de Brasil con el 7,5% e India sólo alcanzó el 3,7%. Si hacemos suma, USA y Brasil habían manufacturado ese año el 90% del etanol utilizable como combustible[4].

En cuanto a la inversión extranjera directa (IED), especialmente procedente de España, hay que señalar que ha resultado efectiva en la modernización de la extensa nación. Junto a la inversión estadounidense, ha facilitado a su vez que Brasil adquiera cierta dependencia de las inversiones foráneas. Sin embargo, el influjo empresarial español es percibido por la sociedad brasileña en materia laboral en ocasiones negativamente:

En el sector bancario, se tiene como activo la introducción del modelo de retribuciones variables vinculadas a la productividad por empleado. En el campo de la energía la percepción es más positiva con excepción hecha del terreno salarial y condiciones a él vinculadas o a las negociaciones colectivas o al volumen de empleo. La crítica fundamental a las firmas peninsulares de telecomunicaciones se da en materia de empleo. En términos generales, seguimos el ya referido trabajo, bien cimentado, de Santos Ruesga y Ramón Casilda, para afirmar que la IED española genera mayor dependencia económica, incluyendo la tecnología. Pero en verdad se valora como acertada su contribución a la modernización del país, a su competitividad o a la integración de Brasil en la globalización de la economía mundo. Y también se percibe de buena forma la participación española en la economía brasileña en temas de servicios, variación y atención al cliente al haberse aumentado la oferta de bienes en el interior del país así como su calidad[5].

Por otra parte, la ausencia de una formación profesional de calidad que abastezca a la sociedad, la constante necesidad de disponer de personas cualificadas en el país y los altos niveles de paro en el mercado de trabajo brasileño, sumado a la fuerte regulación local que se manifiesta en el ámbito laboral, repercuten en una serie de inconvenientes para la consolidación de las inversiones de las empresas españolas en la nación sudamericana. El sector servicios aglutina una notoriedad significativa en este sentido. De tal manera que las empresas hispanas en Brasil suman trescientas tres inscritas en la Cámara Oficial Española de Comercio[6]. Cabe anotar además que desde la óptica española una de las inversiones más favorables en Brasil se produce en el sector de las telecomunicaciones, donde suele obtener excelentes resultados de percepción desde Europa y contribuye manifiestamente al desarrollo del país repercutiendo del mismo modo en el empleo.

En 2006, según los datos de la Secretaría de Estado de Turismo y Comercio española, la inversión bruta, excluidas las operaciones de ETVE (Empresas de Tenencia

4 Azcona, José Manuel. "Brasil, la potencia emergente... p. 49.

5 Ibídem, p. 51.

6 Ibídem, pp. 51-52.

de Valores Extranjeros), de España en Brasil alcanzó los 1.368,29 millones de euros. Los sectores que concentraron mayor volumen de inversión fueron en 2006 la fabricación de maquinaria y material eléctrico (364,71 millones de euros), actividades de construcción especializada (208 millones de euros), seguros y planes de pensiones (117 millones de euros), la producción y distribución de energía eléctrica y gas (66,79 millones de euros), industria de construcción de maquinaria y equipamiento mecánico (59 millones de euros), actividades relacionadas con el transporte (25 millones de euros), fabricación de vehículos a motor (21 millones de euros). En 2007 la inversión bruta española aumentó un 55%, situándose en los 3.054 millones de euros. Se mantiene la concentración de las inversiones en el sector servicios e industrial con un fuerte aumento del sector bancario y del de transportes[7].

Sin embargo, al año siguiente, en 2008 la inversión española se redujo significativamente, con una cifra de 573,42 millones de euros.

Cuadro 1: Los seis principales sectores destinados a la inversión española en Brasil (2000-2008) en millones de euros

Telecomunicaciones	8.440,04
Banca y otros intermediarios financieros	8.073,30
Producción y distribución de energía eléctrica y gas	1.098,98
Fabricación de productos minerales (no metales)	1.015,15
Construcción	1.022,35
Seguros y planes de pensiones (excluida la Seguridad Social)	795,98

Fuente: Azcona, José Manuel. "Brasil, la potencia emergente. Tradición migratoria y negocio español en auge" en Azcona, José Manuel (Dir.), Las dimensiones de la presencia española en Brasil, Madrid, Editorial Universitas, 2010, pág. 55.

7 Azcona, José Manuel. "Brasil, la potencia emergente... p. 54.

Se puede señalar al respecto dos operaciones financieras relevantes efectuadas en los últimos años. Una es la compra del 80% de las acciones de Sidenor -especialistas en aceros- por parte del grupo brasileño productor GERDAU, junto con el Banco Santander. Y otra la fusión de la empresa española Tavex con la brasileña Santista Textil en el año 2006:

Tradicionalmente, la inversión directa de Brasil en España había sido prácticamente inexistente. Sin embargo, en los últimos años, ésta está aumentando de forma considerable. Destacan recientemente dos operaciones. Por un lado, la compra en noviembre de 2005 por el grupo brasileño GERDAU, uno de los principales productores siderúrgicos de América Latina, del 80% del accionariado del líder español de aceros especiales Sidenor, a partes iguales con el Banco Santander. La operación entre el grupo brasileño y otro de directivos de la compañía española, que adquirieron el 20% restante, se realizó por un importe total de 443,8 millones de euros. Por otro, en 2006, la fusión entre la empresa española Tavex y la brasileña Santista Textil. La nueva compañía se posiciona como líder mundial en la fabricación de tejidos Denim, con una facturación superior a los quinientos millones de dólares al año[8].

En el año 2008 la pobreza en la nación se redujo considerablemente pasando diez millones de sus habitantes a la clase media. Hallamos una cifra igualmente significativa si comparamos la tasa de pobreza del país en el año 1990 (del 46%) con el año 2009 (del 26%) con un total de veinticuatro millones de brasileños que han abandonado la pobreza en este periodo y treinta y uno han accedido a la denominada nueva clase media, que supone poco más de la mitad de la población:

Todos estos y otros indicadores, refuerzan las condiciones que favorecen la situación macroeconómica y las perspectivas positivas de la economía brasileña. La rápida recuperación de la economía brasileña ha sido posible por el consumo privado, el aumento de la masa salarial y el acceso al crédito en un contexto de inflación que está bajo control. Además, la agencia Moody´s le otorgo a Brasil el *investment grade*, calificando su moneda de «Ba1 a Baa3», el nivel más alto del tramo de *investment grade*, y anteriormente las agencias Standard & Poor´s y Fitch Ratings habían elevado la clasificación a la condición de grado de inversión, que también fue mejorada por el grupo de expertos de riesgos-país de la Organización para la Cooperación y el Desarrollo Económico (OCDE). Esta situación de estabilidad económica, política y social se refuerza por acontecimientos tan trascendentales como la organización de los Mundiales de Fútbol en 2014 y los Juegos Olímpicos de 2016, y hace prever que la inversión extranjera directa (IED) marcará cifras históricas, como en 2010, donde las estimaciones del Banco Central las sitúa entre los 33.000 y 35.000 millones de euros[9].

8 Ibídem, p. 55.

9 Casilda Béjar, Ramón. "Brasil: la gran apuesta de las empresas españolas... p. 34.

Sin embargo, décadas atrás la inversión española en Brasil prácticamente no tenía presencia. Por lo que se convierte así en un escenario de inversión significativo para las empresas españolas, fundamentalmente desde la última década del siglo XX y el comienzo del XXI:

El arranque inversor de España en Brasil, se puede situar durante el período 1997-2000, cuando se cerraron las operaciones más importantes y se instalaron las grandes empresas y bancos, que posicionaron a España como segundo inversor del país con 20.488 millones de dólares, frente a los 23.914 de los EEUU, primer inversionista histórico. Esta creciente actividad empresarial se completó con un fuerte incremento de los acuerdos institucionales que han tejido una sólida relación, siendo buena prueba de ello la firma del Plan de Asociación Estratégica Brasil-España (2003), que perseguía fortalecer el diálogo político bilateral e intensificar las relaciones económicas y comerciales[10].

En colaboración con la Confederación Española de Organizaciones Empresariales (CEOE), el Ministerio de Industria, Turismo y Comercio de España desplegó en el año 2005 el Plan Integral de Desarrollo de Mercado para Brasil, cuyo objetivo era optimizar las inversiones de nuestro país en la región. A lo que se suman iniciativas privadas, como las desarrolladas por la Cámara de Comercio Brasil-España que aúna más de doscientos socios:

Este marco de buenos fundamentos económicos e institucionales, está haciendo que fructifiquen ampliamente la llegada de empresas españolas de todos los tamaños a Brasil, dadas las innumerables oportunidades que abarcan diferentes sectores como; turismo, ingeniería, editorial, logística, concesiones viales, energía, banca, seguros, telecomunicaciones, que a su vez abren oportunidades para empresas multinacionales que eligen España como plataforma de entrada en Brasil y América Latina. Todas estas iniciativas abren el camino de nuevas alianzas estratégicas y de cooperación público-privada. En este sentido, el gobierno federal de Brasil ha lanzado el programa de Parcerías Públicas Privadas (PPP), con el que pretende atraer el mayor volumen de inversión privada en el área de infraestructuras. Asimismo, se está dando un mayor impulso al desarrollo de la agricultura (España es el segundo proveedor de aceite de oliva) y la pesca, pues Brasil posee un 22 por 100 de las tierras cultivables a nivel mundial y más de 7.000 kilómetros de costa, lo que indudablemente supone nuevas e interesantes oportunidades para las empresas agro-industriales españolas[11].

Por su parte, el gobierno brasileño ha impulsado el relevante Plan de Aceleración del Crecimiento (PAC) en el año 2007, con el presidente Lula y un presupuesto en la

10 Ibídem, p. 35.

11 Ibídem, p. 35.

primera fase de 200.000 millones de euros, y el Programa *Minha Casa, Minha Vida* cuyo fin ha sido la construcción de un millón de viviendas populares:

Los programas y proyectos antes mencionados son sólo una muestra de las importantes y numerosas oportunidades que ofrece Brasil, donde la gran apuesta de las empresas españolas se amplía con nuevas operaciones, como es el caso de Telefónica, Santander, Repsol YPF, Mapfre, Gas Natural, Santillana e incluso la compañía británica de telecomunicaciones British Telecom (BT) ha elegido su filial española, para expandirse hacia América Latina[12].

Por lo que no es de extrañar que la potencia Sudamericana se haya convertido en las últimas décadas en una de las principales estrategias de inversión en el extranjero para muchas de las grandes empresas españolas.

2. RAZONES DE LA INVERSIÓN ESPAÑOLA

Hasta los años noventa del pasado siglo, las relaciones comerciales entre Brasil y España no eran especialmente relevantes, pues el comercio español con América Latina se centraba en las transacciones con Argentina y México:

El retorno de las economías latinoamericanas a sendas de crecimiento con estabilidad supuso un estímulo para las empresas españolas tanto para el comercio como para las inversiones directas y la participación en concesiones de infraestructuras. Así, en el período de 1995 a 2001, al tiempo que se intensificaron las relaciones comerciales con los tradicionales países de la región, el comercio con Brasil comenzó a adquirir una nueva dimensión. Las exportaciones españolas a Brasil se duplicaron entre 1995 y 2001, y pasaron de 652 millones de euros a 1.362 millones de euros. Un proceso similar se verificó por el lado de las importaciones españolas originarias de Brasil, que pasaron de 849 millones de euros en 1995 a 1.423 millones de euros en 2001. La desaceleración de la economía internacional llegó con un año de desfase a las relaciones comerciales con Brasil. Así, los flujos de comercio se redujeron en 2002 y 2003 y comenzaron a recuperarse, también con cierto desfase en relación con el ciclo internacional, en 2005. Los primeros años de la nueva década fueron especialmente negativos para los países de la región, lo que se reflejó en mayor medida en las corrientes comerciales que en los flujos de inversiones directas. El desfase debido a las condiciones económicas que afectaron a la región en los primeros años 2000 y cuyo episodio más destacado fue la crisis argentina de diciembre de 2001 explica por qué las exportaciones españolas a muchos países

12 Casilda Béjar, Ramón. "Brasil: la gran apuesta de las empresas españolas... p. 36.

de la región solo superaron el nivel de 2001 en 2007 o 2008, con la única excepción de México[13].

En cuanto a la Inversión Extranjera Directa (IED) de España, en el siglo XXI cabe citar que, tras la expansión inicial de los años noventa, ha seguido un ciclo de contrastes:

La nueva década comenzó con una intensa desaceleración de los flujos de IED, en 2001-2003, y a continuación se desplegó una nueva expansión que se truncó en los últimos meses de 2007, tras el comienzo de la crisis financiera internacional, y se intensificó en 2008, por la mayor profundidad de la crisis financiera, y en el primer semestre de 2009. En el segundo semestre de 2009 y el primero de 2010 parecía que las inversiones españolas retomaban su ritmo hacia el exterior, pero este nuevo proceso se truncó de nuevo a mediados de 2010 y siguió reduciéndose en 2011. La etapa de los años noventa fue la de la gran expansión de las empresas españolas en América Latina. Esta área atrajo el 61% de los flujos de inversión españoles, mientras que los países de la Unión Europea-15 atrajeron el 22%, Estados Unidos y Canadá el 9%, otros países europeos el 3% y los países de la Unión Europea-12 el 1,2% (Arahuetes, 2001). Sin embargo, en el período 2001-2011 se registraron cambios significativos en la orientación geográfica de la IED española. La principal área de destino fue los países de la Unión Europea-15 (61,7%), seguidos de América Latina (18,4%), Estados Unidos y Canadá (10%), países de la Unión Europea-12 (6,2%), los países de la cuenca Asia-Pacífico (2,4%) y África (1,2%)[14].

En lo concerniente a las circunstancias y factores que han facilitado la implantación de las empresas españolas en Brasil en los últimos años hay que desatacar las siguientes. En primer lugar, no sólo se trata de un colosal país en cuanto a extensión, recursos naturales -exuberantes, con el 22% de la tierra cultivable del planeta- y una numerosa población que repercute en una abundante mano de obra, sino que también posee una ubicación económica estratégica dentro del marco iberoamericano como puerta de entrada al mercado de América Latina por limitar con diez naciones y ocupar un puesto protagonista en MERCOSUR. Su PIB en términos absolutos supone asimismo más del de la mitad del total de la región y la producción industrial emerge de forma heterogénea y se desarrolla en distintos sectores que abarcan desde el textil y el calzado a la producción forestal, y del químico y metalúrgico a la fabricación la maquinaria y equipos o a la automoción. Cuenta con relevante reservas de minerales, metales y petróleo, así como de otras fuentes de energía que admiten propuestas alternativas, como la eólica, la solar o que implique el uso del etanol. Además, Brasil es una potencia relevante en la producción de alimentos, entre los que destacan los cultivos de café, caña de azúcar y de naranjas. A lo que

13 Arahuetes, Alfredo. "Comercio e inversiones directas de España con Brasil en el periodo 2001-2011". *Revista CIDOB d'afers internacionals*, Nº 97-98, 2012, p. 264.

14 Arahuetes, Alfredo. "Comercio e inversiones directas de España con Brasil... p. 272.

se suma, como otra de las razones de la inversión, la cercanía que tiene la cultura brasileña con la española en relación con su historia, su carácter y el idioma que comparte un mismo tronco común. Brasil es del mismo modo un país que facilita el progreso en numerosos semblantes, pues presenta oportunidades en diferentes sectores como el de infraestructuras de transporte, el relativo al saneamiento o el enérgico[15].

No obstante, en oposición a lo expuesto, se puede anotar que el país ostenta una serie de carencias que afectan notoriamente en los motivos definitivos de la inversión de las empresas españolas en sus términos y en los sectores donde recae. Se aprecian especialmente, por ejemplo, en el caso del complejo e ineficiente sistema fiscal, en la alta carga tributaria o en las dificultades logísticas y de apertura de los nuevos negocios. Así como en el mantenimiento de una burocracia inefectiva que ralentiza los procesos de gestión y los administrativos y repercute, en el caso del sector de la construcción, con la tardanza en la obtención de las licencias y los permisos ambientales, o también en la obtención de visados y otros trámites que impiden establecer la residencia rápidamente en el país. A este tenor, cabe señalar la vulnerabilidad en que pueden hallarse algunas empresas frente a las administraciones públicas y la incertidumbre que se genera como consecuencia en los inversores extranjeros. Así como las variabilidades en las condiciones de financiación implantadas por el Banco Nacional de Desarrollo Económico y Social a largo plazo o de las interferencias que se reiteran del poder legislativo en los ámbitos competentes del poder ejecutivo, especialmente en lo referido al Tribunal de Cuentas de la Unión que cuestiona en ocasiones los contratos avalados previamente por el gobierno y sus agencias[16].

3. LA ACCIÓN SOCIAL DE LAS EMPRESAS HISPANAS

No cabe duda de que España contribuyó con el esfuerzo de su emigración a la transformación y desarrollo de la economía brasileña desde los últimos años del siglo XIX y a lo largo del siglo XX, fundamentalmente en el sector cafetalero y en la década de los años treinta en las industrias básicas del sector secundario. No obstante, en la actualidad ocupa un lugar preponderante en la economía de este gigantesco país como consecuencia de la significativa inversión de las empresas españolas en distintas regiones. Substancialmente las especializadas en telecomunicaciones,

15 Azcona, José Manuel. "Brasil, la potencia emergente... pp. 62-63.

16 Ibídem, pp. 64-66.

ingeniería civil, seguros y banca[17]. Tal es el caso de Endesa Iberdrola, Telefónica y de Banco Santander Central Hispano, entre otras. La transformación que emprende la inversión española en Brasil no sólo ha quedado reflejada en un plano meramente económico o laboral, sino también en otro vinculado al progreso, al bienestar y a la transformación de la sociedad mediante el impulso, en los últimos años, de una serie de proyectos de acción social cultivados con interés por las grandes empresas hispanas:

En 2006, diez años después de abrirse la puerta del proceso privatizador, según los datos del Banco Central de Brasil, España se había convertido en el «segundo inversor en Brasil en términos de *stock* acumulado de Inversión Extranjera Directa (IED)», sólo con Estados Unidos por delante. No obstante, como destacan los informes oficiales, ya al comenzar el nuevo siglo, en concreto el año 2000, «la inversión extranjera (y la española entre ella) desempeñó un papel destacable en el escenario económico brasileño. Al calor de las nuevas privatizaciones, distintas compañías internacionales han comenzado a realizar sus operaciones en el país en distintos sectores entre los que destacan los saneamientos públicos y gestión de aguas, del sector eléctrico, el de los servicios de telecomunicaciones y el de la Banca. Como viene sucediendo en los últimos años, la presencia española en este proceso de inversión ha sido significativa alcanzando durante el citado año 2000 cerca de 10.000 millones de dólares de inversión directa, cifra que coloca a España como el primer inversor extranjero durante el citado periodo»[18].

De este modo, desde el comienzo del siglo XXI las empresas españolas han ejercido un papel fundamental en el desarrollo económico y social del país con la presencia de su inversión. Sobre todo en los sectores de las telecomunicaciones, el de la Banca, el editorial, así como en diversas infraestructuras. Un ejemplo de lo que exponemos lo encontramos en Editora Moderna y la Fundación Santillana. Cuarenta años después de fundarse en España, en 1960, el Grupo Santillana inició su expansión por Iberoamérica en el año 2001 luego de obtener las editoriales Moderna y Salamandra. En los siguientes cuatro años el grupo se hizo con el 75% de la Editorial Objetiva y en la actualidad posee negocios en veintidós países, la mayoría situados en América. La Editorial Moderna se encarga de disponer aproximadamente un tercio de los libros escolares, material didáctico y pedagógico en la nación sudamericana. Fruto de ello creó el *Projeto Contigo*, con la finalidad de ayudar a las escuelas mediante el empleo de distintos recursos que mejoran la lectura en los alumnos y cuenta además con asesoría pedagógica. Asimismo, la Fundación

---

17 Martín de la Guardia, Ricardo y Pérez Sánchez, Guillermo A. "La actuación socioeconómica de las empresas españolas en Brasil: el caso de São Paulo" en Azcona, José Manuel (Dir.), *Las dimensiones de la presencia española en Brasil*, Madrid, Editorial Universitas, 2010, pp. 203-204.

18 Ibídem, p. 202.

Santillana se ha involucrado también en diferentes proyectos de acción social que permiten emplear la tecnología en el entorno educativo para facilitar la enseñanza. Acontece de esta forma con la colaboración emprendida de la Fundación Telefónica y la OEI para la dotación de dos premios destinados a profesores y directores de los centros educativos con el objetivo de estimular en las aulas los servicios que ofrecen las nuevas tecnologías.

Tras la compra en 1996 de la empresa estatal Compañía Riobrandense de Comunicaciones de Rio Grande do Sul, Telefónica comenzó su expansión por Brasil. En 1998 adquirió Telespi en la región de São Paulo, a la par que otros negocios:

Las cifras del negocio de Telefónica Brasil son verdaderamente espectaculares. Entre 1996 y 2006 se convirtió en el mayor inversor privado del país y, en esta última fecha, la empresa empleaba a casi 66.000 contratados directos y 41.000 indirectos, lo que suponía el segundo puesto en el listado de generador de empleos de Brasil. En 2010, aproximadamente 210.000 personas trabajaban con distinta vinculación a la empresa. Telefónica contaba con más de cuarenta y cinco millones de clientes a finales de 2006[19].

La acción social desempeñada por la Fundación Telefónica en el gigantesco país resulta igualmente del todo relevante:

Respecto a la acción social, la empresa ha puesto en marcha sólidas iniciativas en función de su enorme potencia. La Fundación Telefónica, a imagen de la española, canaliza las principales obras de carácter social. Sus objetivos se pueden concretar en la mejora de la calidad de vida de los grupos sociales más necesitados, y sobre toso, en los grupos de edad de niños y adolescentes. En 2006 la Fundación dedicó 9,7 millones de reales a este tipo de programas de índole social, ampliado a casi 16 millones al año siguiente. El proyecto principal por la gran repercusión que tienen en los sectores más vulnerables antes comentados, es el denominado «Pró-Menino», que con una inversión de 11,2 millones de reales en 2008 lucha para erradicar el trabajo infantil, secular lacra en la sociedad brasileña. El proyecto consta de cuatro programas que se vienen desarrollando en estos últimos años. El programa estrella es, precisamente, el denominado «Combate ao Trabalho Infantil». En Brasil comenzó a desarrollarse en 2006 cuando fueron seleccionados planes de actuación concretos en Buru, Ourinhos, Santos, São Paulo y Sumaré, para formar y evitar así la explotación laboral de 1.220 niños y adolescentes[20].

De forma paralela, se ha desarrollado un conjunto de proyectos de acción social donde participan otras instituciones. Es el caso de la investigación confeccionada entre la Fundación Telefónica y el Instituto Latinoamericano de Naciones Unidas para la Prevención del Delito y el Tratamiento del Delincuente (ILANUD):

19 Ibídem, p. 209.

20 Ibídem, p. 209.

Se desarrolló en las ciudades de Campinas, Guarujá, Guarulhos y Jandira. Durante siete meses, los responsables del proyecto trabajaron con jóvenes integrados en programas de prestación de servicios a la comunidad. Cuestiones como las drogas, la tenencia de armas, la violencia vivida por ellos mismos y la relación con la escuela entre muchas otras permitieron llevar a cabo un riguroso trabajo de campo, siempre con el fin de abrir vías para la integración social de estos grupos marginados. Las conclusiones reflejadas, editadas en un libro, han tenido una repercusión que supera el del propio Estado de São Paulo[21].

El empleo de las nuevas tecnologías en el ámbito escolar para mejorar los resultados académicos y fomentar el aprendizaje educativo con su uso complementario también ha sido uno de los objetivos fundamentales de la Fundación Telefónica. De esta manera, la Fundación y el Comité para la Democratización de la Informática promovieron un conjunto de estudios orientados hacia los docentes con el fin de mejorar sus herramientas de trabajo:

En el Estado de São Paulo, la «Rede de Atençao à Crianza e ao Adolescentes» actúa por vía electrónica para el intercambio de información entre las distintas instancias afectadas en el cuidado a este grupo de población [...] el portal pró-menino promueve con cursos y difunde informaciones para dar a conocer, extender y garantizar los derechos de los niños y adolescentes brasileños con el fin de evitar abusos. Para el Secretario General Técnico de Telefónica la implantación y extensión del Grupo en Brasil ha servido como modelo, bien de forma directa o indirecta, a otras empresas brasileñas, no sólo para la acción social, sino también para la modernización de la gestión empresarial [...] Los números son contundentes. En 2006, el total de beneficiados con la defensa de los derechos del niño y del adolescente llegaron a 107.000. Otras actividades como las relacionadas con el arte, cultura y patrimonio histórico beneficiaron a unas 22.000 personas y Telefónica movilizó a 2.800 voluntarios. Esta última acción, la red de voluntarios, representa un ejemplo de solidaridad para con sus ciudadanos más necesitados. Trabajadores de Telefónica de São Paulo, de Terra, TGestiona y A. Telecom invirtieron diez mil horas de trabajo gratuitas en treinta y cinco instituciones[22].

Por otra parte, la Fundación Mapfre -grupo creado en el año 1933- se ha convertido en la principal empresa española en el sector de los seguros y asimismo en Iberoamérica en los últimos años. Su expansión por Brasil comienza en el año 1992 después de la adquisición de Vera Cruz Seguradora S. A. y ha establecido su sede en la ciudad de São Paulo con presencia en veintiséis Estados. Desde el año 2005, el programa de Cine Educaçáo fomenta el uso de la cinematografía con fines educativos. Entre los años 2005 y 2008 se han capacitado por esta razón ochocientos

21 Ibídem, p. 210.

22 Ibídem, p. 211.

profesores y ha sido desarrollado en más de trescientas ochenta escuelas[23], lo cual es muy significativo. Asimismo, Mapfre también ha apostado por distintas iniciativas sociales que velan por cuidar, garantizar y preservar el medioambiente:

La empresa ha puesto en marcha una iniciativa denominada ECO MAPFRE con el fin de mejorar el aprovechamiento del papel y la tinta utilizados en todas sus operaciones con unos resultados sobresalientes. No sólo dentro del propio grupo, sino que también Mapfre hace campañas para concienciar a sus clientes de la trascendencia de utilizar estos recursos de forma razonable y, en este sentido, trata de utilizar progresivamente menos papel en sus documentos. De igual forma, en 2008 el 60% de la información escrita difundida en formato folleto utilizó papel de reciclaje[24].

En colaboración con el gobierno del Estado de São Paulo mediante la Secretaría de Estado de Medioambiente, es destacable mencionar el programa Villa Ambiental destinado a alumnos de una edad comprendida entre los ocho y diez años con el fin de que se conciencien de cuidar la naturaleza y el medio ambiente. De esta manera, por Villa Ambiental han pasado más de diecisiete mil niños al año, a quienes se informa de los problemas relativos a la contaminación mediante la organización de distintas actividades interactivas[25]. Por su parte, el programa de Educación Viaria hace lo correspondiente con la educación relativa a la seguridad vial y los conflictos pertinentes al tráfico en las ciudades. Se trata asimismo de un proyecto con una importante repercusión en la sociedad brasileña, pues con una inversión de 300.000 reales desde el año 2004 han pasado por él más de tres millones de alumnos.

El Banco Santander es otra de las grandes empresas españolas que contribuyen notablemente a la mejora de la sociedad del país con su inversión en relevantes proyectos de acción social. En este sentido, la División Global Santander Universidades posee 709 convenios de colaboración con otras tantas universidades ubicadas en veinte países del mundo y en cuatro continentes:

Afecta a cinco millones de alumnos y dos millones y medio de profesores y personal de administración y servicios. El programa tiene 1.412 colaboradores, 832 oficinas universitarias y cien millones de euros invertidos en investigación en 2008, y seiscientos desde 1996. Arropa 2.800 proyectos de colaboración con numerosas y notables universidades por todo el mundo, de las cuales 450 son de ámbito tecnológico. Se han emitido, además, tres millones setecientos mil tarjetas bancarias universitarias propias. Se han dado a nivel mundial 14.665 becas de estudio, siendo 6.840 de movilidad nacional e internacional, 3.973 de investigación y especialización de docentes, y 3.852 de otros programas. En total, treinta y seis millones de euros para investigación en 2008. Se destinan veintidós millones al año en ciento

23 Ibídem, p. 214.

24 Ibídem, p. 215.

25 Ibídem, p. 215.

treinta y siete convenios de innovación y desarrollo. El Banco Santander tiene presencia activa en quince parques científicos y tecnológicos y treinta y cinco proyectos de creación de empresas se han desarrollado a través de trescientas nuevas empresas universitarias y en cinco países se desarrollan y fomentan premios nacionales empresariales. A saber: Brasil, Argentina, Chile, Colombia y México. En Brasil, Santander Universidades desarrolla programas de apoyo a la educación superior en torno a cuatro ejes: Movilidad con becas nacionales e internacionales destinadas a profesores y alumnos universitarios, innovación y carácter emprendedor con el Espacio Digital Santander Universidades y el Premio Santander de Emprendedores, Ciencia e Innovación; transferencias de tecnología; y apoyo académico con patrocinio relativo al apoyo de actividades académicas tales como proyectos de investigación, reforma de bibliotecas, fomento del deporte y digitalización de resultados de investigación[26].

Despunta además la magnitud empleada por el Banco Santander en relación con las becas de aprendizaje del español en el mundo. De las cuales entre los años 2005 y 2012 fueron destinadas ocho mil mediante el Proyecto VALE, seis mil a través del Proyecto OYE y otras cuatrocientas cincuenta con el Proyecto HABLAR. Sumando un total de 21.720 becas por todos los conceptos.

En lo referente a Endesa, otra de las grandes empresas españolas que invierten con una fuerte presencia en Brasil, se puede indicar que cuenta con dos mil quinientos trabajadores y que para sus acciones de responsabilidad social destina una dotación de 294,5 millones de reales. En cuanto a sus proyectos, Descubriendo la Música es probablemente uno de los más relevantes:

Aproximadamente diez mil jóvenes de doce ciudades del interior del Estado de Goiás han tenido la oportunidad de, en muchos casos por primera vez en su vida, asistir a una representación en vivo de una orquesta sinfónica. Es el resultado del proyecto Conciertos Didácticos «Descubriendo la Música» desarrollado por Endesa Cacheira, una empresa de Endesa Brasil localizada en Goiás. El proyecto Conciertos Didácticos fue diseñado para promocionar a los jóvenes el primer contacto con la música clásica. Cada actuación, con una duración media de una hora y treinta minutos, consiste en la presentación de cada instrumento en la ejecución de piezas clásicas. El repertorio fue cuidadosamente seleccionado para atraer la atención y estimular la identificación de los sonidos de los instrumentos a lo largo de la ejecución de cada pieza. Parte del programa de responsabilidad social corporativa de Endesa Brasil, son los conciertos didácticos, que están siendo desarrollados por

26 Azcona, José Manuel. "El grupo Santander Brasil, historia de éxitos" en Azcona, José Manuel (Dir.), *Las dimensiones de la presencia española en Brasil*, Madrid, Editorial Universitas, 2010, pp. 233-234.

Endesa Cacheira en asociación con el gobierno del Estado de Goiás a través de la Orquesta Sinfónica Joven del interior de Goiás[27].

Un proyecto en el que han participado múltiples escuelas locales, en colaboración con la Compañía Endesa, aportando diverso material didáctico entre los docentes, así como con la creación de un concurso cuyo objetivo es estimular la intervención de los estudiantes.

El proyecto Escola de la empresa OHL Brasil, por otra parte, fomenta la educación vinculada al tráfico con la participación de concesionarios en una visión común reformadora. Como indica acertadamente la psicóloga María Dolores de Azpiazu: "presenta una visión innovadora sobre el tema destacando la forma y el contenido de las enseñanzas que valoran y estimulan el respeto a la vida. Humanizar el tráfico a través de la educación es el camino para concienciar a niños y adolescentes y sensibilizar a los adultos sobre el valor de la vida"[28]. Entre sus metas, el proyecto Escola OHL Brasil forma docentes y estudiantes en los objetos relacionados con el tráfico bajo ideales éticos que fomentan el respeto hacia la ciudadanía, incidiendo especialmente en los comportamientos de los motoristas con el fin de evitar accidentes -dado su elevado índice en la sociedad brasileña- al mismo tiempo que comprende los espacios públicos como lugares donde moverse con derecho y respeto hacia los demás.

Con más de veintiún mil personas empleadas, Prosegur es una de las empresas españolas más importantes que ha invertido significativamente en los últimos años en Brasil. El presupuesto dedicado a acciones de sostenibilidad es de 457.362 reales y el programa social «Un Techo para mi País» (UTPMP), que toma parte a través de la Fundación Prosegur de España, ofrece ayudas de viviendas a personas que viven sin recursos y en precarias condiciones:

El Grupo Prosegur, por medio de la Fundación Prosegur de España toma parte en el proyecto. Se trata de brindar viviendas dignas a personas que viven en condiciones de máxima pobreza. Se refiere a una organización latinoamericana sin fines lucrativos liderada por jóvenes de distintos países de Iberoamérica. Todos los días miles de estudiantes universitarios y jóvenes profesionales de todo el continente trabajan en conjunto con las comunidades de las regiones más marginales para mejorar sus calidades de vida a partir de la construcción de estancias de emergencia en programas de rehabilitación social[29].

De esta manera, la Fundación Prosegur despliega su proyecto de voluntariado movilizando a la par a colaboradores de distintas regiones del continente para

27 Azpiazu Canivell, Mª Dolores de. "La acción social de España en Brasil" en Azcona, José Manuel (Dir.), *Las dimensiones de la presencia española en Brasil*, Madrid, Editorial Universitas, 2010, p. 309.

28 Ibídem, p. 310.

29 Ibídem, p. 313.

que participen en la construcción de viviendas ubicadas en cuatro naciones de Sudamérica: Brasil, Argentina, Chile y Perú. Y, en lo concerniente a Prycewaterhouse Coopers, la última de las grandes empresas españolas que tratamos en este estudio, se puede resaltar que una de las iniciativas emblema que despliega en torno a planes de acción social en la sociedad brasileña es el Proyecto Escritorio Escuela:

La misión de transformar la historia de los niños, jóvenes y familias que, debido a las circunstancias de la vida, están expuestos a la violencia (inclusive doméstica), al uso de las drogas y el alcohol, al embarazo precoz, al conflicto con la ley y a otras experiencias relacionadas con privaciones de orden afectiva, social, cultural y económica requiere mucho más que buena voluntad [...] Para contribuir a la transformación de esa realidad, esta empresa tomó una decisión con coraje como fue la de contratar por año diez jóvenes con ese perfil de riesgo para trabajar en su despacho de São Paulo e invitó al Proyecto Quixote a desarrollar un plano de capacitación y acompañamiento, por medio de las siguientes etapas: preparación de los jóvenes, sensibilización y formación, acompañamiento de las familias y acompañamiento psicosocial durante el periodo de capacitación para el trabajo[30].

De este modo, mediante la ejecución del caritativo proyecto, la empresa pretende mejorar las circunstancias que rodean la vida de las personas marginales, fundamentalmente afectadas por la delincuencia y el consumo de estupefacientes, así como de las privadas de bienes sociales, ofreciéndoles con ello una nueva oportunidad para mejorar el rumbo de sus vidas.

No cabe duda de que en la última década Brasil atraviesa un buen momento económico en comparación con otras economías de la OCDE que han quedado más estancadas. Su gran extensión, la abundante población y los recursos naturales que contiene, la diversificación de la producción y el espectacular desarrollo generado en algunas regiones del país y en la sociedad permiten que las empresas españolas continúen invirtiendo en los sectores de servicios financieros, telecomunicaciones, metalurgia, suministro de energías eléctrica y de gas, seguros y fondos de pensiones, y en la fabricación de vehículos de motor, entre otros. En este sentido, no sólo es destacable que nuestro país se haya convertido en uno de los principales inversores de Brasil desde la última década del siglo XX, sino también, a la par, que las multinacionales españolas hayan contribuido a fomentar el progreso de la sociedad brasileña con su apoyo en la creación de distintos proyectos sociales -algunos de ellos de gran magnitud por su elevada inversión e impacto en la población, como hemos visto- con los que intentan mejorar la educación en las escuelas, el acceso a la universidad mediante becas o a concienciar sobre el respeto a las normas de seguridad vial en las carreteras y a cuidar el medio ambiente en la naturaleza.

30 Azpiazu Canivell, Mª Dolores de. "La acción social de España en Brasil"... p. 312.

BIBLIOGRAFÍA

- ARAHUETES, A. (2012). Comercio e inversiones directas de España con Brasil en el periodo 2001-2011, *Revista CIDOB d'afers internacionals*, 97-98, pp. 263-283.
- AZCONA, J. M. (2010). Brasil, la potencia emergente. Tradición migratoria y negocio español en auge. En Azcona, J. M. (dir.), *Las dimensiones de la presencia española en Brasil*, Madrid: Editorial Universitas, pp. 45-142.
- AZCONA, J. M. (2010). El grupo Santander Brasil, historia de éxitos. En Azcona, J. M. (dir.), *Las dimensiones de la presencia española en Brasil*. Madrid: Editorial Universitas, pp. 229-251.
- AZPIAZU CANIVELL, M. D. (2010). La acción social de España en Brasil. En Azcona, J. M. (dir.), *Las dimensiones de la presencia española en Brasil*. Madrid: Editorial Universitas, pp. 289-321.
- CASILDA BÉJAR, R. (2011). Brasil: la gran apuesta de las empresas españolas, *Boletín Económico de ICE*, 3014, pp. 33-38.
- MARTÍN DE LA GUARDIA, R. y PÉREZ SÁNCHEZ, G. A. (2010). La actuación socioeconómica de las empresas españolas en Brasil: el caso de São Paulo. En Azcona, J. M. (dir.), *Las dimensiones de la presencia española en Brasil*. Madrid: Editorial Universitas, pp. 193-228.

Made in United States
Troutdale, OR
11/03/2026

56844493R00100